DE MAFIOSO A MORMÓN

MARIO FACIONE

Traducido al español por Harold K. Moon

CFI
Springville, UT

ISBN 13: 978-1-55517-985-1
ISBN 10: 1-55517-985-1

Publicado por CFI
Impreso por Cedar Fort Inc.

Distribuido por:

LIBRARY OF CONGRESS CATALOGING-IN-PUBLICATION DATA

Facione, Mario.
[Mafia to Mormon. Spanish]
Mafia to Mormon : el relato de mi conversión / Mario Facione.
p. cm.
ISBN 1-55517-985-1
1. Facione, Mario. 2. Mormon converts--Michigan--Detroit--Biography. 3. Gangsters--Michigan--Detroit--Biography. 4. Mafia--Michigan--Detroit--Biography. 5. Organized crime--Michigan--Detroit--Biography. I. Title.

BX8695.F33A3 2006
289.3092--dc22
[B]

2006028968

Diseño de cubierta e interior: Nicole Williams
Diseño de cubierta © 2006: Lyle Mortimer

Los acontecimientos representados en este libro son verídicos, pero algunos nombres propios han sido cambiados. El autor no tiene intención de identificar específicamente a nadie sino el protagonista de esta obra verídica.

Printed in the United States of America
10 9 8 7 6 5 4 3 2 1

Printed on acid-free paper

DEDICACIÓN

A un grupo de muchachos de primaria en La Iglesia de Jesucristo de los Santos de los Ultimos Días en Michigan hace muchos años.

Me ayudaron a comprender lo que es el significado de esta mortalidad.

PREFACIO

Cada cultura y cada época tiene sus villanos y canallas con los que tenemos que tratar—en el período biblico, por ejemplo, el rey David tuvo que enfrentarse con los filisteos, y en la historia que se abarca en el Libro de Mormón los nefitas tuvieron que vérselas con los ladrones de Gadiantón. Más recientes son los nazis, los comunistas y los terroristas actuales. Durante mi juventud, se leía mucho de los mafiosos—la "Cosa Nostra," el hampa. Las novelas de Mario Puzo glorifican las historias de crímenes mafiosos y hay películas con esos temas en las que figuran Marlon Brando y otros actores con apellidos italianos. El hampa, o la mafia, siempre se ubicaba en las ciudades grandes como Nueva York, Chicago, Las Vegas o Detroit. Nombres infames como Jimmy Hoffa y Al Capone eran conocidísimos. Sabíamos que esos hombres eran malos, corruptos hasta la médula, y daban miedo.

Cierto mafioso de Detroit hizo un cambio completo cuando

un par de jóvenes de Utah le dieron un libro extraordinario que él se sintió obligado a leer. **Ese hombre se llamaba Mario Facione,** especialista en robos y ventas de maquinaria pesada en el mercado negro. Sabía leer muy poco, pero aprendió luchando con la lectura de El Libro de Mormón. El espíritu del libro le tocó profundamente, y fue bautizado en el año 1981. Pero cuando llegó a solicitar la recomendación para visitar el templo, su obispo le dijo que no podía servir a dos señores; había que dar la espalda al pasado, abandonando la Organización totalmente.

—Usted no comprende. **Me matarán,** —Facione le explicó. —Nadie se renuncia a la Organización.

El obispo le aseguró que no había otra salida. Tendría que elegir entre la iglesia o el hampa. Mario llegó a una decisión firme, aunque tuviera que morir. **Si fuera necesario para preservar** y defender la fe que tan recientemente había encontrado, moriría.

Después de esconder un alijo de documentos incriminadores en un casillero del aeropuerto de Detroit, Facione negoció un trato con sus antiguos socios para que le dejaran con vida y le permitieran renunciar. Durante ese trance, también tuvo que pasar por un divorcio, y no terminó allí. **Un deluvio de pleitos,** tramados por sus antiguos socios, lo dejaron financialmente destituto. Pero confiando en el Señor, quedó firme y fiel en su nueva religión. Hoy día, es obrero en el templo de Detroit. **Esta es su historia:** *De mafioso a mormón.*

~ Lee Nelson

UNO

Esta vez, estaban más tranquilos.

Yo había manejado cien millas al norte de la cabaña donde me había escondido para hacer la segunda llamada.

Hacía dos semanas desde que había llevado los documentos que me garantizaban la vida a esconderlos en un lugar seguro, un casi-llero del aeropuerto en Detroit (Detroit Metropolitan Airport); hacía catorce días que les había avisado a los que nunca conceden permiso de renuncia a su organización que lo que yo quería era renunciar.

Su reacción era predecible. Yo había visto otros casos, individuos que se atrevieron a desprenderse del grupo y tratar de independizarse. Los había visto caer en trampas escondidas que ni se las imaginaban. *¡Tontos! A estas alturas, deben saber que eso no se hace.*

Recuerdo a un tipo en particular que se daba aires de sabio; empezó a gestionar tratos independientes, fuera de la operación de la Organzación a que pertenecía, y que le había hecho tanto bien. Era increíble. Con la confianza de un beato, se creía invulnerable, y no le decían nada, aunque sabían lo que hacía, y fueron dándole soga suficiente para que se ahorcara.

Claro que duró muy poco.

Siempre es así.

Cuando se hizo patente que ese tipo estaba poniendo en peligro la operación de la Organización, convocaron una reunión. Como de costumbre, esa reunión era clandestina y secretísima. Se sirvieron de mi taller en Detroit, donde yo tenía una empresa de transporte por carretera, porque sabían que estaban protegidos de la curiosidad ajena.

Me invitaron a la reunión

—Ea, Mario—, dijo uno de ellos. —¿Qué te parece? ¿Qué le debemos hacer a este tipo?

Me invadió un sentimiento de compasión, y sugerí que le cortaran la lengua y lo soltaran.

—Eso no sirve. Todavía sería capaz de escribir.

Teniendo un corazón algo piadoso, yo le respondí, —Preferiría que el tipo pudiera seguir ganándose la vida.

Pero ya era tarde. Ya corría la voz por las calles que el tipo había "cantado." Sus palabras lo condenaban.

Pasaron varios minutos y me di cuenta, sin que se dijera una sola palabra, que la sentencia era inevitable. Había que eliminarlo.

Así proceden en la mafia. No hay remedio. No hay tregua.

Me levanté y salí. No quería saber nada de *eso*. Si no sabía nada, nada podía delatar, y ningún juez podía exigirme que relatara lo que había escuchado.

Llegué a confirmar que el tipo había desaparecido. Un par de meses después, tal vez menos, su familia acabó totalmente sin recursos, absolutamente indigentes y en la total miseria. Los habían echado a los lobos.

Ahora, después de varios años, en algún sitio secreto, los miembros de la Organización se reunían para hablar de mí. Se me imaginaba que habían revuelto mi oficina para descubrir los documentos que yo había escondido. Sabían que yo tenía suficiente agudeza como para esconder lo que los podía poner en peligro. A mi esposa seguramente ya la habrían acribillado a preguntas para saber dónde me había metido y qué estaba haciendo.

Mi mujer no sabía nada. Total, yo solía salir de casa a menudo sin dar explicaciones ni titubeos. A ella ni se le ocurriría preguntarme nada si decidía mandarla a pasar un tiempito con su mamá.

Tratarían de conseguir datos de mis amigos, casi como una pesquisa policial. Sólo que no se presentarían amigablemente: "Hola, yo me llamo fulano de tal y quisiera hacerle algunas preguntas."

No. Entrarían y sin ceremonia te agarrarían por el cuello.

Yo no tenía ningún pelo de tonto. No había llegado a un alto nivel de la Organización por pura suerte. Todo lo había pensado cabalmente; era como los mil y un chanchullos que había tramado a través de los años. Bien sabía que en cuanto supieran mi deseo de abandonar la Organización me eliminarían sin titubear, y de inmediato.

Así es que yo debería tener mucho cuidado con mis deciciones y el método de llevarlas a cabo. Me pintaba de lealito perfecto hasta el último segundo. Tenía un plan y sabía que para lograrlo, tendría que seguir corriendo para darles tiempo de apaciguarse. Los italianos son gente bastante impetuosa, y me urgía evitar que me alcanzaran con la primera onda de su cólera. Sabía que convocarían una reunión y la órden sería sencillísima:

—Agárrenlo. Elimínenlo. No tardaremos en reemplazarlo y seguiremos adelante.

Les sería muy fácil. Claro, como de custumbre, tendría la aparencia de un accidente, no faltaba más. Así es que me urgía tramar todo detalladamente antes de hacer la llamada. Primero, tenía que tomarme los vientos. Había llenado mi coche con todo lo necesario para ausentarme durante un tiempo considerable.

Vacié mi despacho de todo lo que tenía algún valor y llené una funda de almohada con $300.000,00 y se la entregué a un amigo en quien tenía plena confianza. Todo lo demás, documentos que podían exponerlos y arruinarlos, los escondí en el casillero del aeropuerto. Era lo que me había de proteger.

Así que hice la llamada. Me costó menos de lo que pensaba, pero la reacción fue exactamente lo que esperaba.

Les dije que quería renunciar. Simplemente. No quería exegir nada, no pedía nada sino mi libertad y mi vida. Les dije que tenían un par de semanas para considerar la situación y entonces negociaríamos. Estaban enojadísimos, y me preguntaron si estaba loco.

—Volveré en unos días—les dije, manteniendo una actitud de perfecta tranquilidad frente a su furia. –Piénsenlo.

Subí al coche y me disparé hacia el norte de Michigan a mi cabaña, bien aislada y de la que nadie sabía nada, ni dónde quedaba. Pasé seis días allí, ociosamente disparando un fusil y meditando el motivo de mi huida y mi separación de mis amigos de tantos años que habían sido también mis "socios profesionales." No fue por una mujer, ni por mejorar mi posición profesional. Fue por algo que ni siquiera podían imaginar, y por cierto, yo mismo, hace pocos años antes, me habría reído a carcajadas con sólo pensarlo.

La religión.

Yo había encontrado La Iglesia de Jesucristo de los Santos de los Ultimos Días. O mejor dicho, la Iglesia había dado conmigo.

Yo era integrante de una familia que vivía ya dos generaciones en este país, y me había adornado con la inocente apariencia de una vida normal mientras iba gestionando "chanchullos" que en un instante timaban millones de dólares y cambiaban la vida, o la quitaban, a personas que yo nunca llegaría a conocer.

Así era yo.

Pero la Iglesia me había alcanzado, y yo sabía a estas alturas que ya no podría seguir viviendo una mentira. Había pasado seis días en mi cabaña, orando a Dios—ese Dios que se me había presentado hacía muy poco, guiándome por un sendero que me había conducido a este trance.

Después de seis días, viajé lejos, a otro teléfono público para hacer otra llamada. Sabía que todos estarían congregados para deliberar mi situación y decidir lo que iban a hacer conmigo. Hice la llamada, y me dijeron—qué sorpresa—que mi vida valía menos que un soplo de aire. Yo sabía que lo único que me protegía era la información que estaba guardada en ese casillero del aeropuerto como una bomba que iba marcando el compás del destino con un *tic tac* fatal. Yo era la llave. O la gacheta de una cerradura, y sin mí y la información que tenía, no había modo de abrirla.

Les ofrecí un trato, mi vida por los documentos. —¡No hay trato!—insistían a gritos, con la sangre a punto de hervir. Comenzaron a ponerse cada vez más hostiles, puntualizando su insistencia con palabrotas y blasfemias. Yo seguía tranquilo. No me convenía enojarme.

—Les extiendo el plazo una semana más, —les dije, cuando se hizo patente que la conversación no iba a ninguna parte. –Piénsenlo bien,—les dije. –Los llamaré en una semana.

Colgué el telefóno.

En siete días más, me di cuenta de que había llegado el momento de concluir con esto. Volví a llamarlos para decirles que iba a ellos, y que contaba con la convocación de otra reunión. Ya se habían espabilado. Estaban tranquilos. Claro, ven en seguida, no hay problema, me aseguraron. Ya veremos la manera de arreglar algo.

Creían estar seguros de pescarme.

D O S

Yo tenía quince años cuando decidí dejar el calor del hogar en Detroit e independizarme, demostrando que me bastaba y me sobraba solo, sin necesidad del apoyo ajeno. Me tomé los vientos, saliendo por una ventana y bajando al suelo por la parra.

No es que la vida de familia fuera mala, ni pensarlo, pero yo quería ver ese mundo del que todos hablaban, y quería verlo solo. Así es que me colé en un tren de carga, dirigiéndome a misteriosos sitios lejos de lo conocido.

Después de dos días de sacudidas por las vías a todo dar en un vagón de mercancías hacia quién sabe dónde, sin comida, por fin me bajé, no por haber llegado a ningún sitio en particular, sino porque, al bajar la locomotora de velocidad aproximándose a Phoenix, Arizona, un tipo errante saltó al tren y se juntó conmigo en el vagón.

Miedo es poco. Lo que me daba ese viejo era terror. Era astuto como un buho y cruel como un lobo herido, y tenía conocimientos formidables. Hablaba de la poli que iba husmeando los trenes buscando tipos ilegales, como nosotros, acurrucados en los vagones. Cerca de Phoenix, el viejo me dijo que había divisado a uno y se apresuró a saltar del tren, gritando que yo le siguera.

Al tocar tierra, pasamos unos minutos conversando, y me hizo varias preguntas con respecto a mi origen y mis intensiones. Después me dijo:

—Pégate conmigo.

—No, gracias, —respondí. No me atrevía a quedarme un minuto más con ese hombre. Me marché a solas.

Caminé un trecho antes de llegar a Phoenix, aunque no había tenido la más remota intención de acabar allí. Lo que sí pude confirmar es que hacía más calor—mucho más—del que hacía en Detroit. No había probado un bocado en mucho tiempo, y vi a un tipo que estaba cerrando un pequeño mercado. En esa época todavía no habían descubierto la necesidad de asegurar los negocios con barras de hierro. El candado en la puerta de ese mercadito no serviría para prevenir entrada a un fugitivo hambriento. Lo rompí en el acto y me apoderé de mucha comida y una botella grande de gaseosa.

En un lugar apartado, lejos de la curiosidad ajena, prendí un pequeño fuego y puse una lata de frijoles sobre la llama. Eso lo había aprendido de mi papá, con varias otras habilidades que me resultaban útiles. Recordaba las barbacoas en casa, con los miembros de la Asociación Italiana que andaban tramando tratos con miradas y calladas señales de asentimiento con la cabeza, y mi padre que le explicaba a mi madre que no hacía falta la olla para calentar los frijoles. Se calentaban perfectamente en la lata misma, insistía. Yo siempre recordaba esos detalles, por si algún día me resultaran útiles.

Mi papá sabía lo que era independizarse, a pesar de los riesgos. Había sido soldado en el ejército italiano, peleando inútilmente contra los alemanes en 1917, cuando él y un compadre decidieron que ya estaban hartos.

Lo habían pensado con cuidado. Sabían que los alemanes iban a invadir a la mañana siguiente y que lo más probable era que aplastarían a los italianos. Así que muy de madrugada del día señalado, en el campo de batalla, se escondieron bajo los cadáveres de sus compatriotas caídos durante el avance de los alemanes.

Armados con bayonetas largas, los alemanes hacían estocadas a los caídos al pasar, asegurando que estuvieran muertos. La hoja le traspasó el brazo de mi papá, que permaneció callado sin moverse bajo el cadáver protector, y su amigo sufrió una estocada en la pierna. Sangrando y sufriendo dolores agudos, se quedaban quietos mientras la batalla rugía alrededor. Parecía interminable.

Al rato, mi papá se atrevió a abrir los ojos. Ya no había nadie. Pero levantando la cabeza un poco más, pudo ver que seguían peleando un poco más lejos. Se escondió de nuevo, esperando el anochecer. Durante la noche, todavía sangrando, los dos se escaparon a hurtadillas y se las tomaron para Sicilia. Más tarde, dieron con un tipo que mi padre conocía. Poco después, Papá mandó venir a su novia, y juntos se escondieron en el casco de un barco de vapor con destino a América.

Temiendo ser detenido como desertor, no quiso desembarcar en Ellis Island y siguió viaje hasta llegar a otro puerto en Nueva York, donde pudo escabullirse y perderse en el anonimato.

Muy bajo de estatura—mediría como un metro y medio—pero fuerte y fornido como menudo toro, mi padre tenía mucha fuerza, tanto físicamente como con sus palabras. Llegó hasta Detroit y consiguió trabajo en la Ford Motor Company, y luego formó una compañía de cemento. Se hizo prominente en la comunidad italiana, cosa que me puso a mí en el camino de mi propia carrera. Su novia, con la que se casó antes de subir a bordo del vapor en Italia, era una mujer muy buena. Tuvieron ocho hijos. Yo nací en 1939.

Mi papá era un hombre duro y exigente, pero de corazón tierno. Era de los que, si daba una orden, habría que cumplir pronto y al dedillo o recibir una paliza de las menudas. Era potente, un combatiente formidable. Una vez, lo vi tirar un objeto que pesaba casi doscientos kilos una distancia de dos metros. Sabía boxear y sabía luchar, y podía dar un puñetazo capaz de romperte la cabeza.

Mi mamá amaba mucho a sus hijos, y quería que fuéramos independientes, pero en realidad, no creo que mi decisión de largarme a Arizona a los quince años figurara en sus planes para mí. Yo pensaba mucho en ella durante esos días en Phoenix cuando comía frijoles de una lata. Extrañaba mucho su comida casera, pero mi orgullo no me permetía volver a casa como un perrito hambriento.

Me quedé un par de días en las afueras de Phoenix, orientándome y calculando la mejor manera de sobrevivir. No me iba mal, pero necesitaba comer, y eso lo remediaba rompiendo el candado de algún almacén de comestibles, robando lo necesario para uno o dos días.

Durante un par de semanas, improvisé mi recámara detrás de las lavadoras y secadoras automáticas en una lavandería que permanecía abierta durante las veinticuatro horas del día, y si de noche un cliente llegaba para usar la secadora, eso me servía lo más bien para calentarme. A veces dormía en coches que habían dejado sin echarles llave. De vez en cuando me servía de un arroyito de la zona para el proceso del aseo personal.

Pero no tardé en reconocer que necesitaba ropa, y me di cuenta que no iba a poder entrar ilícitamente y probarme un par de zapatos y luego robarlos. Me sería necesario comprarlos. Mi situación tenía que cambiar. No podía seguir viviendo así. Barruntaba que iba a tener que encontrar trabajo, pero no tenía idea de cómo lo iba a arreglar, porque no quería que nadie supiera mi nombre. Se me figuraba que alguien de los míos en Detroit me buscaban y yo no quería que dieran conmigo.

Un día, entré en una estación de servicio y el dueño, sin ceremonia, me miró de frente y me preguntó, —¿De dónde eres, joven?—. Yo le devolví la impertinente mirada. El tenía la cara marchita como una pasa, aunque no era muy viejo. Parecía un verdadero matón.

Yo, mirándole con insolencia como otro matón, le dije, —De Detroit. ¿Y qué?

—Ven acá, —me dijo en voz de áspera autoridad. —¿Sabe tu madre dónde estás?

—No, —le respondí. –Me las tomé.

Era un tipo tosco pero se preocupaba por un chaval que aparentaba saber mucho más de lo que sabía. Pero él sabía de qué pie cogeaba y nos comprendimos bien.

Después de charlar un rato más, me ofreció un trabajo que pagaba veinte dólares la semana, que no estaba mal en esos días. Me encargó de los surtidores de gasolina, el engrase y lubricación y el lavado de coches, y me dio dónde vivir en el cuarto donde guardaba la compresora. Me proporcionó un catre para dormir y ganchos para mi ropa y el uniforme que había de llevar en el trabajo. Yo ya no tenía porqué robar. El sabía que yo era medio pillo pero no me cuesionaba ni me molestaba. Aprendí mucho de él y de la vida callejera de Phoenix. Aprendí a sobrevivir.

Nunca sabré porqué ese hombre se molestaba por mí. Yo no era más que un pobre desgraciado de Detroit. El era un hombre claro y yo le tenía plena confianza. Estaba casado y tenía dos hijos, pero ellos no me molestaban ni me estorbaban. El les dijo que me dejaran solo, para hacer lo mío.

Lo mío era pasar los domingos, cuando la gasolinera estaba cerrada, andando por las calles de Phoenix descubriendo las complejidades de la vida callejera, instruído por los veteranos de ese estilo de vida, más viejos y enterados que yo. Bajo su tutela, robé uno que otro coche, pero mayormente observaba y aprendía.

Un día, era un sábado por la tarde unos ocho meses después de mi llegada, no había mucha actividad en la gasolinera, y mi jefe se me acercó.

—Ven, te quiero hablar, —me dijo.

Me llevó a la zona del lavado de coches, donde yo desempeñaba la mayoría de mis tareas.

—Se me ocurre que ya es hora de que vuelvas a tu casa, — me dijo. —¿Has llamado a tu madre para decirle dónde estás?

—No, —confesé.

—Ya es hora de volver, —repitió. –Has aprendido mucho, y te has avivado bastante, y no te quedarás aquí por mucho tiempo más. Ya barrunto que tienes hormigas en la cola.

Creí que él quería deshacerse de mí, y le pregunté si le había ofendido en algo.

—No, no. No es eso. Pero dentro de poco, te irás.

Yo sabía que él tenía razón. Si no volvía ahora, no lo haría nunca. Así que al día siguiente, llamé a mi madre. Su voz, llena de alivio y gozo, no me acusaba ni tenía tono de reproche, sólo las palabras, "Vuelve, hijo. Ven a casa."

Era de esperar que mi padre tuviera una reacción un poco menos entusiasta. Tomando el auricular de mi mamá, sin sermón ni amenaza, me preguntó, —Bueno, hijo, ¿te has hartado de tus diversiones? ¿Ya estás para volver y ponerte serio?

—Sí, sí—respondí. Le había entendido perfectamente. —Ya estoy preparado para lo serio.

Así es que a los diez y seis años de edad, habiendo comprobado mi independencia y mi habiliadad de sobrevivir con una vida callejera, volví a la casa de mi padre.

Mi destino me estaba esperando.

T R E S

El volver a casa me brindaba de nuevo la cocina de mi mamá, acceso a la familia y el barrio—y a la Asociación Italiana, en la que mi padre era una leyenda viva. Como cualquier organización de minorías, La Ascociación Italiana existía primero para extenderles a los trabajadores de la patria vieja una voz unida en cuestiones de derechos de trabajadores y representación política.

Papá, dominante tanto en cuestiones diplomáticas como oratorias, dinámico como un torbellino eléctrico y testarudo como una cuña, subió a la presidencia del la Asociación. Muchos de los más agresivos jefes de los sindicatos eran socios del grupo. A mi papá lo nombraron presidente porque, cuando hablaba italiano, era muy locuaz y persuasivo. Y *todos* sabían respetar su testarudez.

Papá era listo, y sabía que si se quedaba pegado exclusivamente a los italianos, iba a morirse de hambre. Así es que hizo contactos. Yo prácticamente me había criado asistiendo a reuniones o asambleas con mi padre, siguiendo su consejo de observar, observar, y siempre observar.

De los tres hermanos, yo era el que más se parecía a mi padre. Johnny era demasiado intelectual, su cara siempre metida en algún libro; Jimmy era demasiado chico, y un tanto inconstante. En cambio, yo era el sempiterno curioso, el que observaba y hacía preguntas. "¿Por qué ocurrió eso?" . . . "¿Quién es ése?"

Por eso, tal vez, mi padre siempre me llevaba consigo a las reuniones de la Asociación. El poseía la determinación de lograr éxito, una determinación que sobrepasaba los límites de su educación, o mejor dicho, la educación que no pudo obtener. El sabía lo que es la lucha.

Asistiendo a las reuniónes de la Asociación, me libraba del ambiente de las calles cercanas a nuestra casa, donde por sistema me metía en peleas con los chavos que nos tildaban de brutos grasientos y nos tiraban piedras por ser italianos. En cambio, en las reuniones, podía acociarme con hombres que le tenían a mi padre como una persona importante, y yo creía que algo de esa importancia se extendía a mí también.

—Escucha, —Papá me decía mientras íbamos caminando entre la muchedumbre. —Ponte muy atento a lo que hace esta gente.

A los nueve o diez años, yo ya había dejado de ser un simple observador; había entrado en el juego. Pronto percibí que había otro nivel, otra dimensión de esas reuniones aparte de lo que se hacía oficialmente, y me percataba del significado de un lenguaje que pocos entendían.

Encogimientos de hombros, miradas furtivas y señales de asentimiento con la cabeza comunicaban mensajes clandestinos. Mi padre a menudo me aconsejaba que estuviera atento a señales de ésas en un tipo que otro, indicándome que entre la muchedumbre no se notaría. Empecé a comprender lo que quería de mí. No me percataba siempre de sus motivos, pero iba aprendiendo. Yo siempre preguntaba, ¿por qué esto? ¿por qué aquello? ¿qué querrá decir con eso? Poco a poco todo se hacía patente.

Tendría tal vez trece años cuando empecé a emplear esos conocimientos para sacar dinero de mis amigos.

Una vez, unos amigos y yo decidimos hacer una excursión en bicicleta a Northland, una excursión de unas cuatro horas. Había que llevar nuestras escopetas de aire comprimido porque era un pasatiempo muy popular cazar pájaros y ardillas. Haciendo nuestros planes, pensamos primero en la comida que habíamos de llevar, el agua, la cantidad que hacía falta , etc. Mi bicicleta era la mejor, porque yo había sido vendedor de periódicos y tenía una cesta en la delantera para llevar los diarios que tenía que entregar.

Mis amigos no dejaban de mirarme durante esos momentos preparatorios, como si me correspondiera exclusivamente a mí llevarlo todo. Yo no decía nada cuando ellos se ofrecían a traer ciertas cosas: "Yo puedo traer esto," "Yo aquello." Nadie decía nada de cómo había de cargar todo eso.

Por fin hablé. –Bien, ya sé lo que están pensando. "Todo lo podemos cargar en la bici de Mario." Así ustedes irán volando y yo me quedo con la obligación de seguirles con todas las provisiones, ¿eh?

En verdad, yo estaba dispuesto a llevarlo todo, pero sólo bajo ciertas condiciones. Ellos tendrían que pagar cualquier gasto de reparación en el camino, toda la comida que yo consumiera, y dos tubos de municiones.

Estuvimos varias horas discutiendo mis condiciones. Esos eran bastante listos y acabé por comprar mis propias municiones pero, aunque tuve que trabajar un poco más que ellos no gasté ni un centavo en comestibles. Y dio la casualidad de que, por tanto peso extra que llevaba, se me explotó la llanta delantera y ellos tuvieron que comprarme una nueva.

Hasta de joven me divertía gestionando tratos. El placer no estribaba en lo que ganaba sino en lo que podía hacer para salirme con la mía. Me complacía conseguir que alguien se pusiera de acuerdo conmigo, dándome la ventaja sin sospecharlo. Me di cuenta que esa habilidad la había aprendido observando a mi papá.

Papá era lo suficientemente astuto como para quedar limpio de culpa con respecto al hampa. Mantenía un dedito del pie en la organización y el resto del pie limpiamente inocente. Tenía un negocio de cemento legítimo y próspero, pero se involucraba con la Asociación lo suficiente como para poder pedir ayuda de sus socios si llegara a ser necesario.

Si ellos lo necesitaban, acudiría a su petición hasta cierto punto. Por eso, a mí como chaval, y especialmente como hijo de mi padre, me observaban crecer y madurarme. Yo esperaba las reuniones con muchas ilusiones porque esos hombres mayores me daban solapadamente diez o veinte dólares por cualquier mandadito.

—Oye, Mario, —me decían dentro de una sala atestada de gente. –Vete a decirle a Gino que necesito verlo.

O algo por el estilo. Y al cumplir el mandato, me daban cinco dólares o tal vez más. Esos tipos tenían plata, plata para tirar para arriba.

Pero a mi papá lo necesitaban para lubricar el proceso de sus chanchullos. La particpación de Papá a veces iba muy hondo, sobre todo en el caso del sindicato de los camioneros que querían establecer un fondo de pensiones.

A un tipo se le ocurrió establecer el fondo como fuente de dinero sucio para servir al hampa. Papá había conocido al tipo en Italia, y ese hombre vino a él.

Para que pudiera realizarse esta idea (ese chanchullo), dijo el hombre, mi papá tenía que convencer a los de la Asociacion que el fondo era una buena idea. Contaban con la ayuda de mi padre porque tenía muchas conexiones entre los italianos, y de italianos había muchos en el sindicato. Pero le tocó estar metido en el aspecto fraudulento del proyecto una vez que logró convencerles a todos que era lo que se debía hacer. La votación favoreció al proyecto y todos parecían de acuerdo. El sindicato procedió adelante, empezando con recoger dinero del grupo, y mi papá se alejó del trato dejando el manejo del dinero en manos de los otros.

Mi papá recibía $5.000 o 10.000 alguna que otra vez como mordida. Estaba involucrado y sabía lo que hacían para juntar el dinero. Cuando le daban una órden, obedecía a medias, lo suficiente para que siguieran respetándole. Tenía demasiado poder. A los italianos los tenía en las manos.

Cuando se hacía un trato especialmente lucrativo, Papá recibía aun más dinero. No pasaban por la casa para entregárselo, diciendo "Te luciste, hijo," sino que siempre se desarrollaba durante las reuniones de la Asociación.

Estando reunidos durante la cena, un tipo se le acercaba a mi padre para depositar algo disimuladamente en su bolsillo. Papá nunca investigaba lo que había transcurrido antes de llegar a casa, donde descubriría $5.000, $10.000, o $20.000.

Sabía que alguien, cuya identidad se desconocía, había hecho algo, y Papá, como clave en el juego, recibía dinero. Nunca dijo nada. La próxima vez que veía al tipo que le había pagado, un leve gesto con la cabeza le hacía saber que le agradecía.

Con el correr de los años, yo llegué a tener mayor contacto con los de la Asociación y empezaban a cobrar mayor confianza en mí. Mi papá me observaba, y me decía, —Bien, Hijo, adelante, pero a medias, no a todo dar. —De él, aprendí la importancia de la discreción. Hacer alarde de la fortuna o jactarse de los contactos y los triunfos no era discreto.

Yo no podía saber lo útiles que me resultarían esos consejos, ni que algún día me salvarían la piel.

Después de mi experiencia en Phoenix, pasé unos seis meses andando cerca de mi papá y los de la Asociación antes de alistarme en el ejército. Y eso lo hice por mi padre.

—Arréglatelas con el gobierno, —me aconsejó. Hasta el día de hoy, el gobierno no tiene idea de lo poco que me necesitaban a mí.

Entre tanto, los ancianos de la Asociación me preguntaban con respecto a mis aventuras en Arizona. Querían saber dónde había estado y en qué me había metido. Y las preguntas no eran de las informales; eran muy directas e intencionadas. Uno de los más agresivos me preguntó,

—¿Qué hiciste allí? ¿Algo que pudiera manchar tu nombre?

—No, —le dije.

—¿Robaste algo?

—Sí, —le respondí sin mentir.

—¿Te pescaron alguna vez?

—No.

Las preguntas no cesaban. Que si había matado a alguien. Que si había manchado mis apellidos.

Por lo visto, contesté bien, puesto que al terminar el interrogatorio, el tipo me dijo, —Vete, y haz lo que tu papá te diga. Después quiero volver a hablar contigo.

Lo que esos tipos estaban intentando era determinar hasta qué punto yo podía serles útil. Yo no lo sabía en ese momento, pero mi padre sí sabía.

—Ten cuidado y sé listo, —me aconsejaba. –No te dejes caer de lleno en sus garras.

Después de comprar (en serio) un diploma de estudios secundarios para que pudiera alistarme en el ejército, comencé una carrera militar de dos años que me resultaría sumamente lucrativa. Me mandaron primero a Fort Carson en el estado de Colorado y luego a Fort Benning, Georgia, con la División Aerea #101.

Muy al principio de mi entrenamiento, sufrí una herida de poco monte que causó que me asignaran al parque vehicular donde los oficiales creían que mi experiencia con automóviles le sería de mayor servicio a la patria.

No sospechaban que me hacían un gran favor.

CUATRO

Yo podía olfatear la oportunidad de tramar un chanchullo con la misma facilidad que podía sentir los deliciosos olores que flotaban de la cocina de mi mamá cuando estaba preparando la comida. No tardé en darme cuenta de la pontencialidad de ganar un dineral en el mercado negro vendiendo herramientas, piezas de recambio, y otro equipo militar que los oficiales no echarían de menos.

Cuando me di cuenta de lo descuidados que eran con el inventario y los registros, me vino una idea. Pero no me apresuré a hacer nada. Primero había que realizar pruebas.

Yo cargué unas viente cajas de herramientas de varias clases, alicates y martillos, por ejemplo, y los coloqué en otro sitio del almacén, no para robarlas, todavía no, sino para ver si al cambiar su sitio alguien se percataba de ello. Pasó mucho tiempo y nadie dijo esta boca es mía. Pronto hice la misma prueba con cincuenta cajas, escondiéndolas en el bosque cercano al almacén. Y gradué el tamaño de las herramientas, robando y vendiendo en el mercado negro todo lo accesible, hasta sistemas completos de radio.

Parecía mentira. Ni yo mismo podía creerlo. Yo estaba promoviendo esa estafa sin que nadie lo sospechara.

Una vez saqué un sistema de radio de un jeep, todo el sistema. Me iba poniendo cada vez más audaz. Había sistemas de radio por todas partes en el almacén. Otra vez, realicé una prueba. Puse la radio en la parte trasera del jeep donde todo el mundo podía verla, dejándola allí para seguir trabajando como si tal cosa en el sistema de arrastre. Nadie la tocó. Luego la escondí fuera del cuartel, cubriéndola con tierra y pedregal. Permaneció allí por treinta días, y no pasó nada. Nadie me cuestionaba.

Yo entraba y salía de los almacenes como si fuera el dueño. Al fin y al cabo, robé suficientes radios para luego financiar el montaje de mi compañía de transporte al volver a Detroit.

El negocio era tan lucrativo que tuve que poner a sueldo a alguien para transportar todo lo que había robado y guardado en el almacén improvisado que tenía en el bosque. Di con un tipo que había venido en menos, pero empinaba el codo, agarrando la mona demasiado. Lo empleé porque era fuerte pero no podía tenerle confianza. Con su afición a la bebida, sería capaz de revelarlo todo en una borrachera. Así que yo no le decía nada de la operación, pero le pagaba su sueldo para satisfacer sus ganas y él nada revelaba.

El llevaba las cosas al bosque, ya fueran botes de gasolina, llantas, balas. Otro tipo que yo había empleado las llevaba a las calles de la ciudad para venderlas.

En aquel entonces, los militares seguían bien la pista de sus armas pero no hacían caso de las municiones, así que era fácil que cayeran en mis mano. Las distribuían en fuertes cajas de madera llenas de cartuchos de calibre 30 usados en rifles M-1. Yo robaba algunas cajas para venderlas en la ciudad.

Luego, cuando corría la voz de que yo vendía, otro tipo llegó a ser mi intermediario, organizando una especie de centro de distribución. Así él vendía la mercancía y yo recogía la plata. Vendí 2.500 botes para gasolina, sin contar las demás cosas, a diez dólares cada uno.

Las radios eran sumamente populares y ésas se vendían en $150 en la calle, sin contar las que yo guardaba para usar más tarde. Nunca me molesté para ponerme al corriente del total exacto, pero a grandes rasgos, calculo que gané como doscientos mil dólares trabajando a escondidas en el ejército.

Al fin del mes, cuando los otros soldados ya se veían sin más recursos, me venían pidiendo un préstamo. Iban de farra y perdían el dinero en juegos. La eterna cantinela: Iban por lana y volvían trasquilados. Yo era el tipo con plata, pero nunca hacía alarde de ello. Eso no era mi estilo.

Nunca, pero *nunca* andaba presumiendo billetes de cien dólares como prueba de mi abundancia. Eso sería una tontería de las gordas. Y no salía buscando bares y rameras, como hacía la mayoría. No quería dirigir la atención de la chusma hacia mí.

Comprendí muy pronto que si uno no quiere forjarse una carrera asistiendo a la escuela, la alternativa es lo que hacía yo. Pero había reglas. No se debe darse al alcohol, ni darse humos de gran importancia, sino que se debe pasar lo más inadvertido posible. Si te haces el jefazo o el mandamás y te pescan, todos se ríen y acabas sin un centavo, entregando todo lo que has ganado a los abogados. Si entras en este juego, hay que hacerlo con inteligencia y cautela.

Gané mucho dinero en el ejército pero era una empresa deslavazada. No podía entrar con un camión como si fuera el dueño y llevar lo que quisiera. Un par de radios aquí, un par de llantas allí, diez cajas de herramientas hoy, dos cajas mañana. Poca cosa, para que no se notara.

Y así procedía yo. Si la ocasión se me presentaba, sabía aprovechar.

Pero nunca me olvidé de lo que mi padre me enseñaba. Para adelantarse en este ambiente, lo importante es evitar que te pesquen. Y para evadirlo, como Papá siempre me decía, había que llegar a conocer a tu gente, aprender hasta qué punto pueden serte útiles, y nunca permitir que tomen control y nunca ponerles totalmente al tanto de tus asuntos.

Una vez, estando en el ejército, le envié $10.000 a mi papá. El no sabía escribir en inglés y yo no quería hablar con él por teléfono, puesto que me había enseñado que nunca convenía conducir negocios por teléfono. Así que cuando yo estaba de permiso, él me llevó aparte para que a solas pudiéramos conversar.

—¿Qué estás haciendo? –me preguntó.

Sin titubeos, le dije –Estoy robando cosas del gobierno.

Quedó un momento en silencio antes de responder, —Hijo, no hay vuelta que darle, si te pescan nunca saldrás de la prisión. Has de saber que aquí yo podría ayudarte pero allá nada puedo hacer.

Le prometí que tendría más cuidado, y volví a mi servicio militar, a mi trabajo.

En mi familia, no se permitía faltar al respeto a una mujer ni hablar mal de ella. Si alguna vez yo llegaba a faltarle al respeto a una mujer, llamándola tipa tonta o algo por el estilo, mi padre me largaba un cachatazo de los gordos.

—Aunque fuera una puta, —decía, —nunca has de hablar mal de una mujer. ¡Nunca! No importa lo que ella haga, a las mujeres hay que respetarlas.

Papá también exigía respeto para con los ancianos.

Sin duda alguna, un violador mancharía los apellidos de la familia. Entre los italianos, el mal prestigio o la deshonra de la familia es sumamente serio; al menos, así era en mi familia.

Pero robar sin que le pesquen a uno es respetable. La deshonra estribaría en ser detenido, en dejarse detectar.

Yo comprendía que en mis juegos con el gobierno federal corría un riesgo enorme, pero no podía resistir la tentación. Los ficheros del ejército eran tan malos que la oportunidad se presentaba demasiado fácil como para pasarla por alto.

Y yo no había sido instruído en esa especie de cobardía.

El dinero no me atraía tanto como el reto. Tienes una meta.

Miras hacia el resultado que imaginas. Si ese resultado es lo que más deseas, trabajas para obtenerlo, y el dinero es otro resultado.

La clave es no hacer alarde de tus triunfos, escondiendo el dinero que te llegue. Yo nunca iba de farra ni los acompañaba a los otros a los bares. Ciertas personas astutas podrían empezar a preguntarse cómo era posible que un tipo militar tuviera plata de sobra. Yo nunca dirigí la atención hacia mí. Sabía que si me pusiera por demás codicioso, haciendo alarde de mis tesoros, no tardarían en detectarme. Nunca llegó a tanto.

Sólo mi padre sabía lo que yo hacía, y él no me delató a nadie. Su respuesta sin detalles cuando en familia le preguntaban cómo me iba, sugería levemente que yo estaba metido en una estafa.

—Tu hijo, ¿qué es de él? ¿Cómo se las arregla con el ejército? preguntaban.

Su respuesa, tan sencilla, era también una indirecta.

—Está ganando mucho dinero.

C I N C O

El ejército de los Estados Unidos, ignorante de cuánto mi alistamiento le había costado, me dio de baja con honores. Volví a Detroit con $60.000 en efectivo en el bolsillo, de los robos que había llevado a cabo durante dos años. También tenía los sistemas de radio que había escondido en casa. Me resultarían muy útiles más tarde.

Volví a casa y me puse a trabajar en la empresa de cemento de mi padre. Nunca me gustó el cemento. El olor me molestaba. Pero mi lealtad y el respeto que tenía para con mi padre me obligaron a quedarme.

Una vez, durante la cena, Papá anunció: —Quiero jubilarme. No del todo, pero quiero que ustedes, mis hijos, se encarguen de la empresa. Yo les echaré una mano de vez en cuando.

Perdí el apetito. Me sentía enfermo.

Yo no quiero seguir haciendo eso por el resto de mi vida, pensé. Pero no quería herir los sentimientos de mi papá.

Así que seguí con la empresa, acudiendo a los trabajos contratados, detestándolo cada día más. Sabía que tendría que escaparme, pero me roía el pensamiento de que sería para mi padre una traición, y me dolía pensar que yo odiaba lo que había sido su profesión, a la que se había dedicado toda su vida.

Un viernes fui a recoger un camión nuevo que había comprado y lo estacioné frenta a la casa. Como de costumbre, Papá estaba en el zaguán, observando a los vecinos y jalándole humo a su cigarro. Así era su ritual de los viernes. Llegué con el camión que ostentaba su carácter novedoso con un brillo insolente y le dije, —Ea, Papá, ¿qué te parece este camión?

—Ah, —contestó. –¿Así que ustedes han comprado un camión nuevo para la empresa?

—Este . . . es que me lo compré yo.

—Está bien. ¿Cómo piensas usarlo en la empresa de cemento?

—Este . . . puedo usarlo para cargar los fragmentos de cemento cuando estamos haciendo reparaciones. Y puedo traer la arena para la mezcla.

—Buena idea, —dijo, echando bocanadas de humo de su cigarro.

—Y . . . y también puedo llevar cosas para otras empresas.

Mencioné un contratista de obras muy conocido y a quien mi padre conocía bien.

–Puedo hacerle trabajos a él también.

De pronto, las bocanadas de humo desapecieron y Papá me echó una mirada que sería capaz de derretir una piedra..

—¿Es decir que ya no piensas trabajar con tus hermanos en la empresa?

El no tardaba en caer en la cuenta.

Yo todavía vivía en la casa familiar. Mis padres se estaban envejeciendo y yo quería estar presente para cuidarlos. Pero ahora Papá seguía mirándome con ojos duros como dos azotes y contesté con un hilo de voz. –Yo puedo ayudarlos en los casos de urgencia. Puedo seguir ayudando.

Papá se puso de pie de un salto y le dio una estocada al cenicero con el cigarro.

—Tú te quedas aquí. Tengo qué hacer.

Se marchó dentro de la casa y trancó la puerta al entrar. Después sólo sé que lo vi por la ventana en el segundo piso cargado con un bulto de mis efectos personales. En menos de un credo estaban en el suelo donde yo estaba parado, y Papá siguió juntando y tirando hasta que todo lo que yo poseía estaba a mis pies en el suelo. Arriba, oía sus gritos de furia y sabía que no era el momento de tratar de calmarlo. El bajó la escalera hasta el zaguán y viendo como yo iba recogiendo nerviosamente mis cosas, me dijo, —No vuelvas más a esta casa.

Se puede decir que mi decisión de abandonar la empresa familiar no le caía del todo bien. Pero a eso de un año más tarde, todo se solucionó cuando mi hermano mayor también dejó la embresa y Papá tuvo que reconocer nuestro derecho de independencia.

En mi caso, compré dos camiones más, en los que instalé los sistemas de radio que había robado del gobierno y me hice transportista con un contratista de obras en Detroit. Yo llevaba desperdicios del sitio de trabajo y me pagaban bien. Algunos aspectos del trabajo eran legítimos, eso sí, pero la mayoría tenían el carácter de tramposos.

Yo estaba hondamente involucrado en una de las obras. Tenía cinco camiones en total, y me era permitido llevar tres cargas por día en cada uno. Pero en el acuerdo al que llegué con el contratista, confundíamos esta obra con otras que se desarrollaban en otros sitios, con el resultado de que en mis informes, podía representar más cargas de las que en realidad había llevado.

—Lo de los camiones te lo dejo a ti, —me dijo el jefe. –Rellena el informe y ponme al tanto de los números que usas –me instruyó.

Al fin de la primera jornada, agregué una carga sobre las que en realidad había llevado, y el capataz revisó el informe superficialmente, porque yo había elegido un momento en que el tipo estaba desbordado de trabajo y no tenía tiempo para atenderme meticulosamente.

—Mañana, pon dos más, —me instruyó el jefe. Le pagaban $1.400,00 la carga, conque la ganancia no era poca. Cuando el jefe recibió el cheque, lo compartió conmigo, y sólo él y yo estábamos metido en el juego.

La clave era la discreción. Por eso me querían esos tipos—yo sabía callarme. Al fin del mes, los cheques llegaban y el jefe me decía, —Oye, Mario, ven conmigo. —Y yo le seguía a su oficina. El echaba llave a la puerta, y me decía —$1.000 . . . $2.000. Es tu porción.

Continuamos ese juego a través de todo el proyecto, que era muy grande, y acabamos compartiendo un total de $750.000. Así es que pude comprar varios camiones más y construir un edificio para mi propia empresa.

Yo no guardaba registros de ningúna propiedad bajo mi propio nombre. En aquellos días, si pagabas al contado, en efectivo, nadie hacía preguntas. Todo lo compré con falsa identifición para que nadie pudiera poner mi nombre con las propiedades que había adquirido.

Compré la tierra para mi empresa en $75.000 al contado con un nombre inventado. Le pregunté al tipo que la vendía cuánto quería y me dijo que $80.000. Le dije, —¿Y si le doy a Ud. $70.000 al contado? —Me contestó, bajando el precio a $75.000, y le dije, —Trato hecho.

Al día siguiente le entregué la plata. El no me dijo nada a mí; yo no le dije nada a él. El firmó todos los papeles y los presentamos a las debidas oficinas municipales y estaba concluído. Yo, Joe Willy (el nombre que yo había inventado para el trato), era dueño de 22 acres de tierra en Wixom. Al final, tuve tres casas y un edificio para una compañía de transportes en ese terreno, y en la tubería del edificio estuvieron escondidos $300.000.

Los chanchullos continuaban. Mucho de lo que yo hacía tenía que ver con maquinaria pesada. En aquella época los que fabricaban maquinaria pesada no estaban obligados a registrar las máquinas, como se requería con un automóvil o un camión.

Así que no había manera de seguir el rastro de su uso o ubicación. A mi ver, eso representaba una mina de oro.

Eso comenzó cuando un amigo mío estaba preparando los papeles para una de las fábricas de esa clase de maquinaria en Los Estados Unidos; él sabía que no había manera de seguir la pista de su destino una vez que salía de esa fábrica.

En ese momento, yo personalmente no tenía las finanzas para armar la red de contactos que hacía falta para lograr éxito con ese chanchullo, así que fui a ciertas personas con enchufe y les expliqué el potencial de mi plan, y *ellos* me financiaron.

Era un regalito para ellos. Un millión de dólares aquí, otro millión allí . . . un soborno genial.

Otra vez, había una oportunidad que yo sabía aprovechar. Una persona legítima hubiera acudido al fabricante para advertirle que había graves defectos en el sistema y luego pediría mucho dinero para ayudarle a solucionarlo.

Yo no. Yo me aproveché de la ocasión, ganando milliones de dólares y haciéndome una persona clave en el juego.

Cuando llevé mis ideas a los de la Asociación, se dieron cuenta del valor de mi plan, y aunque no diera resultados no sería nada crítico. Yo tendría que devolver el dinero que me habían prestado y aprendería una buena lección.

Y no sería la primera vez. Había muchos, pero *muchos* proyectos que intentamos que no dieron resultados y no ganaron dinero. No era mucho dinero perdido, pero sí perdíamos a veces. Pero esta vez, no.

Yo era el que todo lo armaba en esos proyectos. Mi mayor responsabilidad era vigilar para que todo estuviera listo. Había muchos detalles—cambiar las placas de matrícula, alquilar equipo para mover la maquinaria robada, etc.—detalles que podían favorecer o hundir el proyecto. A algunos de los que estaban involucrados no los volví a ver más. Algunos nunca me vieron a mí. Les hablé por teléfono en conversaciones que parecerían lo más legítimas al que no estaba enterado.

A veces había que usar infiltrados. Si éramos lo suficientemente audaces y si tenía que ver con una máquina de alta calidad, la robaríamos cuando el trabajo estaba a punto de terminarse. Primero, yo me pondría en contacto con personas a quienes conocía en Ohio, informándoles que tenía una excavadora que valía $300.000, y que yo estaba dispuesto a ofrecérsela en $200.000, pero tendrían que recogerla al día siguiente. Se ponían de acuerdo si yo podía llevar la máquina adonde podían recogerla, y el trato quedaba hecho.

Yo preparé los documentos falsos, robé la excavadora usando la llave que me había facilitado un obrero que estaba involucrado en el proyecto. Cargué la excavadora en un camión, la llevé a Ohio donde me dieron $200.000 al contado, y emprendí el viaje de vuelta a Michigan. La empresa recibió dinero por la excavadora de la compañía de seguros y no había manera de seguir la pista de la propiedad perdida.

Mi empresa, la de robar maquinaria, hizo vuelo y se extendió más al este, donde hice tratos en muchos otros sitios, incluso Nueva York.

Yo fui la fuerza motriz. Todo pasaba por mis manos.

El filón más grande fue la cantidad de $500.000 ganados en una semana. Yo tenía once trabajadores con camiones que podían mover equipo grande e hice once trabajillos en siete días. Yo mayormente me hacía el invisible pero dirigía operaciones. De vez en cuando, sin embargo, acompañaba a los obreros para participar en el entusiasmo del juego.

El dinero era lo de menos. Lo más importante era el reto y el entusiasmo del triunfo. No teníamos competidores. Nadie más que yo lo había pensado. Pero yo no podía hacerlo sin una red de cómplices competentes en todas partes del país. Los juegos, la prostitución, las drogas—todo eso ya estaba bajo el control de la mafia. Pero equipo grande, eso era completamente nuevo.

Cuando me puse con mis compañeros, les dije, —Miren, esto es lo que pueden hacer. Estas son las ganancias que les esperan, y esto es lo que hay que hacer para obtenerlas.

Les parecía que era terreno fértil.

Y tenían razón.

S E I S

No hay como el éxito para abrir puertas, caminos y campo. Cuanto más ganaba yo, más patente se hacía que mi proyecto rendía mucho más de lo que era de esperar al principio, y a mí me brindaba la oportunidad de diversificar, ampliando el campo de mis actividades.

Yo me pintaba como un simple obrero que dirigía una empresa de transportes, pero sin ostentación alguna. No tenía humos de ninguna clase, y así les gustaba a los de la Asociación. Yo no andaba tras las mujeres, no llevaba joyas ni ropa llamativa; en fin, no hacía nada que pudiera revelar cuánto dinero tenía.

Papá siempre me decía, —Ganarás bien si sabes callarte y si no te haces el ostentoso. Si no aprendes eso, acabarás en la cárcel sin un centavo.

Así que me importaba mucho no hacerme el ostentoso. Andaba en pantalones de vaquero y botas de obrero y usaba una camioneta vieja para mi transporte personal. Y no me molestaba nada de eso, porque en cualquier momento, si me daba la gana, podía escaparme e ir adónde quisiera. Era cuestión de hacer una llamada y decir, —Eh, quiero salir, pasar un par de semanas, tal vez en Las Vegas.

Y a la hora señalada, habría un avión esperándome en algún aeropuerto que me llevaría lejos de Detroit, y siempre iba en primera clase.

Y en Vegas, yo jugaba, eso sí, no faltaba más. Era capaz de perder quince o veinte mil, ¿y qué? No me importaba un bledo. Y después, vuelto a empezar en Detroit, con los pantalones de vaquero y las botas de obrero.

Nunca me permitía el lujo del descuido, y nunca me permitía aparecer excesivamente seguro, y de veras, tenía miedo. En verdad, eso daba gusto. Era un juego, un juego artero y peligroso, y yo salí a flote en un mar de náufragos..

Era como ir al almacén y hurtar una golosina sin que te pescaran. Si no te pescan, tal vez mañana volverás a intentar, pero esta vez hurtas dos golosinas. Es lo que me encantaba. Yo no bebía nunca y siempre estaba al tanto de lo que ocurría en mi alrededor. Cuanto menos sabían de mí, menos riesgo corría . . . y nunca me pescaron.

Entre mis hermanos, yo fui el único que se involucró en la Organización. Mi hermano mayor era demasiado impetuoso y enfadadizo, con poca paciencia. Un tipo de los que llevaban la actitud: “Si te atreves a intentar una paliza conmigo, te dejo frito.” Hasta a Papá le daba miedo por ser tan impulsivo.

Cuando Papá y yo teníamos la necesidad de una conversación íntima y sin frenos, Papá le pasaba cincuenta dólares a mi hermano y le decía, —Aquí tienes cincuenta dólares. Vete a la tienda y cómprame eso o aquello. —Luego, Papá y yo podríamos hablar con confianza.

Sólo Papá sabía en qué yo estaba metido. A mi mamá le entraban sospechas, pero no les hacía caso. Las madres saben que no deben saber ciertas cosas. Papá le decía que guardara silencio, y ella obedecía.

Ella no sabía ni la mitad de lo que hacía mi papá, y no le hacía falta saberlo. Mayormente, Mamá vivía felizmente ignorante.

Mi discreción y mi disposición de mantenerme en segundo plano me favorecía con algunos de los ancianos de la Asociación Italiana. Era increíble cuánto permitían pasar por mis manos. Mi discreción era el punto de confianza, y de ahí todo iba viento en popa.

Mi empresa de transportes seguía bien, contando con la avaricia de los inspectores y contratistas que estaban dispuestos a hacerse de la vista gorda para forrarse el bolsillo.

Yo estaba metido en otras cosas además de transportes y equipo pesado. No faltaban oportunidades de gestionar timos, y las más veces, me señalaban a mí para tramarlos o lubricar el proceso.

Era el reto y la emoción de salir a flote en un mar de náufragos que me impulsaban de un trato a otro. Y era la memoria de lo que había aprendido en mi juventud que me ganaba el respeto entre los de mi círculo . . . nunca perder el equilibrio ni imaginarme capaz de independizarme

Esas instrucciones se me habían inculcado desde chico y si eso no bastaba, la observación de otros tontos que lo intentaban a solas y después lo pagaban caro me convencía. Si se presentaba un trato en el que aceptabas el dinero y después empezabas a jugar entre bastidores, pues . . . bueno, ahí es donde empezaban a cortarte las piernas o hacer aun mayores daños.

Hubo momentos en que tal vez sentiría remordimientos, pero eso duró poco.

Una vez, algunos muchachos míos y yo descubrimos ciertas cosas que nos facilitaban pruebas contra un millionario para el que yo hacía un trabajo. Había sido tan tonto como para dejar $100.000 escondido en su casa. Ese tipo acabó aflojándonos $600.000 para callarnos. Armamos un timo en el que nos pagó sin darse cuenta de lo que pasaba.

Cuando supo que le habíamos engañado, ya era tarde. Habíamos gestionado el timo para que el viejo estuviera tan animado que perdió el concepto de la realidad. Tenía visiones de una riqueza inefable en el trato con nosotros, y nos dio dinero por algo que no existía.

Cuando empezó a sospechar algo fulero, revolvimos su casa y encontramos $170.000 y nos lo llevamos. Le amonestamos que si soplaba siquiera una palabra de lo que había ocurrido, se le metería en la cloaca.

Salimos de esa casa, y recuerdo que yo pensaba para mí, *yo no quería hacer eso . . . pero el dinero es una maravilla. ¿Dónde vas a encotrar la oportunidad de ganar $30.000 en un día?*

El viejo nunca dijo esta boca es mía, nunca. De vez en cuando, pasábamos por su casa y viéndole ahí trabajando en su jardín, le decíamos, —Hola, ¿qué tal?

Era para recordarle de lo que éramos capaces de hacer.

No me preocupaba porque sabía que ni él ni nadie que yo había estafado podía comprobar nada. Si se me acercaran y me dijeran, —Tú me has estafado $600.00, —yo podría mirarles de frente y negarlo. Corría de cuenta de ellos la prueba de la acusación, y no tenían pruebas. Con nuestros métodos, no había manera de comprobar nada. No había documentos ni rastros.

Podían acusarme de muchas cosas, pero faltaba la prueba.

Yo iba descubriendo que me estaba metiendo cada vez más hondo en la Organización. Por ser astuto y casi invisible, me incluían en muchas cosas, tratos que involucraban riesgos grandes pero ganancias enormes.

Fue en esa época cuando se confirmó la confianza que me tenían en la Asociación y los tratos cobraron ímpetu.

SIETE

Ya para el año 1968, yo era la fuerza motriz para unas seis operaciones. Y eso por encima de mi empresa de transportes que me facilitaba la cara de legítimo que necesitaba para llevar a cabo los tratos que me rendían ganancias enormes.

Y ganancias había. Los disturbios que se armaron en Detroit rindieron grandes beneficos para mis operaciones en 1968-69, ya que había que hacer obras de reconstrucción. Se necesitaban máquinas grandes. Era una época embriagadora para mí y mi equipo. Muchos de los tratos en los que me involucraba eran de categoría pequeña al principio, pero aumentaron muchísimo. Yo empleaba nombres ficticios y datos inventados para llevar a cabo esos timos. Ganamos mucho dinero, gracias a esos disturbios, y el ímpetu seguía aumentando, y la red de mi organización iba creciendo cada vez más.

Fue en el año 1968 que por casualidad entré en una tienda y di con la mujer que llegaría a ser mi esposa. Entablamos una conversación, y ya no sé de qué hablamos pero habrá sido algo interesante porque le pedí su número y me lo dio. La llamé un par de semanas después y empezamos a salir.

Las preocupaciones que ocuparían la atención de un tipo normal al seleccionar a una esposa a mí no me atañían. La cocina, por ejemplo. No me importaba porque ya tenía quien me cocinaba. El noventa porciento del tiempo, comía fuera de casa. Además, si quería buena comida italiana, mi madre todavía estaba en su cocina trabajando con el mismo ahinco de siempre.

Lynette, así se llamaba mi esposa, no era una mujer de lengua suelta. No descubriría el pastel a nadie que no debiera estar al tanto. Yo lo que necesitaba era una compañera y ella encajaba bien con mis necesidades. Me protegía, guardando mis espaldas. Cuando uno tiene una mentalidad sospechosa, es natural sospechar a todos. Yo tenía que vigilar mucho, y ella dobló mi vigilancia con otro par de ojos alertos.

Ella tenía poco interés en el dinero, ni le interesaba gran cosa saber exactamente cómo yo lo ganaba, pero estaba dispuesta a echarme una mano si hacía falta. Si le pedía que vigilara a alguien y me diera cuenta de sus acciones en cierta situación, qué hacía el tipo, cómo se portaba, no me cuestionaba y hacía lo que se le pedía.

Así que nos casamos y fue un arreglo de beneficio mutuo en la mayoría de los casos. Yo prosperaba y con tiempo éramos dueños de tres casas en la misma calle donde vivíamos. Nuestra casa era de estilo ranchero colindante a un bosque de más de un acre. Y eso nos sentaba a las mil maravillas. Al lado había otra casa de la que yo era dueño, que alquilaba a un conocido mío y su familia.

La tercera casa, en frente, la alquilaba a inquilinos menos permanentes. Era una especie de casa de seguridad, para tipos que necesitaban desaparecer o fugarse temporalmente, o convocar reuniones que debían ser clandestinas.

En mi oficina, yo les facilitaba el mecanismo que abría la puerta al garaje, y ellos podían deslizarse dentro de la casa, cerrándola tras de sí. Nadie podía distinguir quién había entrado ni podían enterarse de lo que hacían. Ese era el propósito. Esos tipos podían entrar y salir a su gusto. Eran tipos que estaban en apuros, que no querían ser descubiertos, y usaban la casa a menudo. Serían hombres fugitivos, por fraude, o en un par de casos, por asesinato. La casa por lo general estaba ocupada, y me pagaban bien por su uso.

Yo tenía dinero escondido en la tubería de mi oficina, dinero escondido en casa, dinero de mi negocio y de las estafas que había tramado. Aunque Lynette y yo vivíamos una vida más bien tranquila, todavía había que rendir cuentas por tener más dinero del que mi empresa podía rendir.

Así que siguiendo el consejo de nuestro contador, establecimos a Lynette en su propio negocio, un servicio de limpieza con una clientela específica. Ella tenía su equipo y limpiaban casas de mis conocidos, hombres que no quisieran abrir sus casas a personas desconocidas. Con Lynette y sus muchachas, sabían que estaban seguros.

Yo monté su negocio y los dueños de las casas pagaban en efectivo. No había ficheros, no había listas de clientes. No les hagan preguntas, les aconsejé a Lynette y sus muchachas, y si ellos les preguntan algo, no les contesten. Hagan el trabajo y salgan en seguida.

Queríamos tener la apariencia de un negocio próspero, y así podíamos explicar los ingresos que obviamente teníamos. Así, si alguien venía pidiendo cuentas de dónde venían nuestros recursos, podíamos señalar su negocio y el mío.

Era parte del plan, o parte del cuadro completo. Podíamos explicar ciertos fondos mientras ganábamos otros. Mis colegas recibían un servicio que les hacía falta sin tener que contestar preguntas que temían, y yo seguía siendo el nexo vital en una organización que parecía incontenible.

O C H O

Después de mi aventura juvenil en Phoenix, apenas si me aventuraba más al oeste del río Mississippi, pero en la primavera del año 1980, embarqué en un avión con destino a Salt Lake City, Utah. El destino era lo de menos, por supuesto, porque lo que me impulsaba a hacer el viaje a un lugar del que apenas había oído hablar fue la promesa de otra oportunidad de otro trato más que prometía ganancias atractivas. Yo ya había invertido dinero y me dirigía al lugar donde había de realizarse el trato.

Tenía un leve interés en ver ese lugar, pero me lo imaginaba como uno de esos pueblitos pobres y primitivos de las películas del oeste. Me imaginaba una gasolinera, un par de almacenes, y caminos polvorientos sin asfalto. El único camino asfaltado sería el que pasaba por el centro del pueblo.

Por supuesto, había visto las noticias que proyectaban escenas de Los Angeles y otras ciudades del estilo, y había pasado varios meses en Phoenix, pero tenía muy poco conocimiento de lo que era el oeste. Todo lo que yo hacía transcurría al este del Mississippi, así que con la excepción de mis esporádicos viajes a Las Vegas, el oeste me interesaba muy poco.

Me ocupaban pensamientos del trato que pensaba finalizar cuando la voz del piloto interrumpió mi ensoñación, anunciando que estábamos acercándonos al aeropuerto de Salt Lake City. El avión se ladeó, dejando ver por la ventanilla las agujas del templo mormón en pleno centro de Salt Lake City. Fue el primer edificio que vi. Apenas podía creerlo. Había muchos edificios, y la escena era totalmente distinta a la imagen que me había imaginado.

Pero mi mirada estaba clavada en las agujas destellantes del templo. No me era posible creer que un edificio tan elegante, hermoso, sin paragón, pudiera aparecer de repente ante mis ojos, rodeado de otros edificios excepcionales.

Tan excepcional parecía que ni un rótulo de neon sería más llamativo. Yo estiraba el cuello para mantenerlo en vista mientras el avión continuaba su descenso. Estaba clavado en mi mente.

Poco después de salir del avión, me sorprendieron la limpieza de la ciudad y la amabilidad de la gente. Apenas podía creer que existiera una metrópolis tan pulcra, donde la gente pareciera tan amable.

Si hacías una pregunta, en seguida te respondían. En Detroit Metropolitan Airport, si te dirigías a alguien con una pregunta, *tal vez* te contestaría, pero sería al pasarte como si huyera de un incendio. Rara vez se molestan para detenerse y ayudarte o guiarte. Detroit no era nada como lo que yo estaba experimentando en el aeropuerto de Salt Lake City. Parecía mentira.

Por arreglo anterior, un joven estaba esperándome para llevarme a Provo donde yo había de verme con mis contactos. Yendo hacia el sur por el valle de Salt Lake, yo seguía impresionado por lo que veía. Todo estaba bien ordenado. No había tanto desorden como en Detroit, que durante los años '80 era un lío impresionante.

Después de los disturbios, los oficiales de la municipalidad en Detroit no hacían mucho. Había casas que habían sido quemadas y los esqueletos quedaban a lo largo de las calles, y

coches descompuestos, trastos torcidos, como huellas al infierno que servían como un adorno funesto para el paisaje. No había nada de eso que yo pudiera notar durante nuestro viaje a Provo. Nada. Yo estaba enormemente impresionado.

Yo tenía vagos recuerdos de haber oído algo de esa religión que según entendía tenía su base en Salt Lake City, y le pregunté a mi chofer qué sabía. Resulta que era miembro de la Iglesia de Jesucristo de los Santos de los Ultimos Días, pero ya no asistía a la iglesia.

Me explicó un poco de lo que creían los "mormones," y lo que entró en mi mente era la imagen de un Quaker, que vivía al margen de la corriente principal del mundo. El joven no me explicó mucho más con respecto a los mormones, pero me dejó con la idea de que eran individuos excepcionales. No estaba amargado; sólo había dejado de ejercer dentro de la iglesia. Constaba que la iglesia era buena, y la comunidad mormona también, aunque él ya no practicaba activamente su religión.

No habló mal de la iglesia en lo más mínimo. Parecía un buen chico. Tendría veinte, tal vez veinteiún años, y trabajaba para el tipo con quien yo iba a tratar.

Al poco rato, entramos en Utah Valley y continuamos hacia Provo, donde me encontré con los hombres que querían iniciar el trato. Hablamos de unos detalles específicos e hicimos más planes y nos separamos con el acuerdo de volver a empezar al día siguiente.

Me acurruqué en la cama en el hotel, muy a gusto después de un día ajetreado, y me habré dormido en seguida, porque me parecía que estaba presenciando una obra de teatro. Pero yo era la única persona presente para el drama y los actores, que yo no los conocía, se dirigieron a mí directamente. Yo estaba muy confundido, pero me llegaron estas palabras: "Tienes que hacer esto," y otro actor se me acercó y me dijo, "Debes tomar este camino."

Me encontraba en medio de ese lío y los actores seguían insistiendo que yo había de tomar cierto camino. Y yo, cada vez más confundido, me preguntaba, —¿Qué diantre voy a hacer?

—Como yo era el único presente allí, concluí que me estaban hablando a mí. *¿Debo tomar ese camino que siguen recalcando?* Me preguntaba.

Las palabras seguían repitiéndose en mi mente, como martillazos, y me quedé parado sin saber qué hacer. Era como si estuviera delante de ese camino mágico de ladrillos amarillos en la película *El mago de Oz*, y esos actores insistían que yo debía tomarlo, pero yo no podía moverme.

Me desperté con un susto, con una memoria perfecta de lo que había pasado en el sueño. Sí, tenía que ser un sueño, pero un sueño extraño que nunca antes había experimentado, y me dejó hundido en confusión.

No es que no tuviera sueños. Soñaba a menudo, pero generalmente los sueños trataban de situaciones en las que la poli me pescaba, o yo dije algo que no debía decir, equivocándome de una manera u otra. Pero este sueño era excepcional, y parecía que estaba tratando de comunicarme un mensaje especial. Me dejó agotado y confuso, sin saber qué significado podía tener.

Lo que sí estaba claro eran las sugerencias de un cambio de dirección que yo debía emprender, un camino distinto al que estaba siguiendo, aunque no tenía idea de qué otro camino debía seguir, ni adónde me llevaría, ni si quería hacerlo.

Sea el que fuera el propósito y origen del sueño, quedó clavado en mi memoria. Al día siguiente, me entraron graves dudas con respecto al hombre con quien trataba para el acuerdo al que habíamos llegado. Me enfrenté con él y le dije que quería la devolución de mi dinero. Me lo devolvió y yo emprendí mi viaje de vuelta a Detroit.

Los detalles de ese sueño estaban vívidamente claros en mi mente cuando subí al avión y salí de Salt Lake City, con su limpieza, sus calles anchas y bien organizadas, y los residentes tan amables y serviciales. Vuelto a empezar—vuelto a mi empresa, a los timos, a la vida que parecía la mía para siempre.

N U E V E

Yo había regresado a Michigan hacía dos semanas, y volví a casa después de un día de trabajo, y el mensaje que me había dejado mi esposa me dejó pasmado de cólera.

Resulta que unas horas antes, Lynette oyó que alguien llamaba a la puerta, y al abrirla, se vio con un par de jóvenes de buena presencia, con trajes y corbatas. Por casualidad, Lynette no estaba en su empresa de limpieza y les habló amigablemente a los jóvenes, que se presentaron como Elder Staples y Elder Gardner. Explicaron que eran de esa iglesia en Salt Lake City. Ella les sonrió, recordando que recién yo había estado allí, y se lo dijo.

Ellos le dieron algunos folletos que contenían información sobre la iglesia y le preguntaron si podían volver cuando yo estuviera en casa. Por alguna razón, para mí incomprensible y a lo mejor para Lynette también, ella dijo que sí. Eso era bastante tonto, invitar a un par de desconocidos con apariencia demasiado pulcra, a entrar en nuestra casa. Pero eso era poco.

Én aquella época, teníamos una línea telefónica en la casa que nadie usaba ni sabía que existía. Unicamente yo, Lynette y el hombre que la había instalado sabíamos de ella. Era para llamadas muy privadas, llamadas sólo para mí, y yo no quería que nadie más supiera de ellas, y los que se comunicaban conmigo tampoco querían que se supiera nada.

Era una de tres líneas instaladas en la casa, dos de las que eran lo más normales. Por algún motivo misterioso, Lynette les dio a esos jóvenes el número de la tercera línea, la clandestina, para arreglar una cita conmigo para volver a la casa. Les dijo que debían llamar antes de hacer acto de presencia. Conque salieron llevando el número de teléfono que nadía debía tener.

Cuando yo volví a casa y ella me explicó lo que había hecho, faltaba poco para que yo la clavara viva contra la pared. Mi cerebro se llenó de pensamientos lúgubres de los problemas que esto podría causarme. No sólo estaría en apuros con los que me habían arreglado el sistema, sino que el efecto sería acumulativo.

Si el secreto de esa línea llegara al conocimiento de ciertas personas, yo podría acabar ante un tribunal contestando la pregunta, "¿Qué propósito sirve esa línea?"

Sería poner fin a la operación entera, un golpe tremendo que eliminaría hasta el sesenta por ciento de mis acuerdos.

Así que cuando supe que un par de tipos se habían apoderado de ese número, me puse bien nervioso, y sí, bien enojado, frenético, pero luego enfoqué mis pensamientos en lo que podía hacer para remediar la situación, por si ya no era tarde. ¿Qué podía hacer para que me devolvieran ese número, y averiguar quiénes eran los hombres a quienes Lynette se lo dio? Claro, podián asegurar ser de alguna iglesia pero cualquiera, incluso los federales, podían usar ese pretexto.

Esperaba la llamada telefónica, y tenía pensado ir al ataque, decirle que se deshiciera de ese número en el acto, y presionarlo para que no quisiera tener nada que ver jamás con ese número o conmigo. Mi mujer me dijo que eran jovencitos, y yo me imaginaba capaz de convencerles que no hicieran nada que no conviniera.

Pero cuando me llamaron, no ocurrió como yo lo había imaginado. Cuando él, que se identificó como misionero de la Iglesia de Jesucristo de los Santos de los Ultimos Dias, empezó a hablarme, algo totalmente inesperado me sobrevino: me puse tranquilo.

Antes de su llamada, yo tenía deseos de conocerlo a él y su compañero, a ver si eran lo que prentendían ser, mayormente por mi inquietud con respecto al número ése. Pero al entablar una conversación con él, me tranquilicé. Y yo me creía capaz de intimidar al joven, pero me habló con tanta seguridad que me desconcertó. Mencionó que Lynette le había informado de mi viaje a Salt Lake City, y allí empezamos a hablar.

Mientras yo aguardaba nerviosamente esa llamada, yo había husmeado los folletos que habían dejado, tratando de determinar de qué pie cojeaban. Mi mayor preocupación era conseguir ese número, pero cuando llamaron, les dije, —Nunca he oído hablar de ustedes. ¿Ustedes creen en Dios? —Me aseguraron que sí.

Luego quería saber porqué iban de casa en casa, y él hablaba de predicar el evangelio y muchas otras cosas. Interesado ahora en la iglesia de ese tipo y menos ya del famoso número telefónico, seguía haciéndole pregunas sobre los mormones y lo que creían. Creí poder dejarlo perplejo con la próxima pregunta:

—¿Puedes darme una explicación del propósito de esta vida en este planeta?

—Claro, no faltaba más, —me dijo, y sugirió que nos juntáramos para hablar de ello largo y tendido.

Empecé a creer que tal vez me conviniera llegar a conocer a esos tipos. Tenía dos motivos: primero, quería averiguar si intentaban timarme, y segundo, conseguir que se olvidaran del número que tenían. Me sentía lo más tranquilo hablando por teléfono, porque ese muchacho hablaba con tanta seguridad.

Concertamos una cita para la semana siguiente. Antes de colgar, le dije que no volviera a llamarme usando ese número, y que hiciera pedazos el papelito en que estaba escrito y que lo olvidara de una vez. Le di un número común y corriente y me aseguró que no había problema. Se notaba en el tono de su voz que le confundía mi actitud inflexible con respecto al número.

Todavía incierto con respecto a la situación, acudí al tipo que me había montado el sistema y le dije que por accidente el número había caído en manos de una organización religiosa. Le dije que vigilara cuidadosamente para cerciorarse del número de llamadas que nos llegaban.

Yo no tenía confianza en nadie. Ni siquiera podía estar absolutamente seguro de la inocencia de Lynette. Puede que hubiera gato encerrado y que ella fuera cómplice en ello. Yo no sabía, y mis instintos me dominaron. Empecé a vigilarme mucho e investigar y verificarlo todo.

Quería que se vigilara esa línea en todo sentido, pero pasaron varios días y no hubo una sóla llamada que no fuera de regla. Esa era mi manera de verificar si el hombre cumpliría su promesa de destruir ese número y nunca más volver a usarlo. Y nunca lo usó más.

La noche de nuestra cita, los misioneros llegaron puntualmente. Yo había pensado mucho en ellos por alguna razón, preguntándome qué me dirían. Preguntas que habían bailado en mi cabeza desde hacía cuatro años empezaban a volver a intrigarme. ¿Qué pasaría durante su visita? Aunque no había habido llamadas ni indicación alguna de que algo estuviera fulero, mis sospechas no me dejaban quieto.

Me figuraba que serían inocentes pero no había desechado del todo la idea de que podrían ser agentes del gobierno federal, y que de alguna manera me habían descubierto. Pero no había manera alguna de que me descubriera nadie con todas las salvaguardias y protecciones que habíamos montado. Así seguía asegurándome a mí mismo.

Cuando llegaron a la casa, vi las pequeñas etiquetas en las que su nombre y el nombre de su iglesia estaban grabados, y noté lo jóvenes que eran, y apenas podía creerlo. Después supe que uno de ellos acababa de llegar y yo había de ser la primera lección en la que participaría. Conque allí estaban en mi casa. Lynette también estaba. Querían hablar con nosotros dos.

Cuando me ponía nervioso, solía fumar Tiperillos, y estaba fumando cuando ellos llegaron. Noté que estaban un poco inquietos con eso, y lo dejé. Me acomodé en mi silla y les dije, —Bueno, a ver lo que me pueden decir.

Sentado allí, yo los observaba con mucho interés. Tenían cuadros, photos y representaciones gráficas. Quisieron empezar con cháchara inconsecuente, pero yo no lo consentí. *¡A ello! No perdamos tiempo,* Pensé.

Escuché un rato, mientras hablaban de las lecciones que tenían que enseñar, y comenzaron con la creencia suya en Jesucristo y algo que ellos llamaban el Plan de Salvación.

Hablaron de nuestra situación pre-mortal, como todos éramos estíritus que morábamos juntos en el cielo antes de la formación de este mundo. Dijeron que Dios, o el Padre Celestial, como ellos le decían, nos había otorgado la oportunidad de venir al mundo para obtener un cuerpo y aprender. Nos explicaron que hubo dos planes que se presentaron en el Cielo.

Jesucristo sostenía el concepto del libre albedrío, en que los espíritus debían tener la habilidad de elegir entre el bien y el mal y aprender por sí mismos de Dios, para algún día poder volver a vivir con El. Pero Satanás, así nos explicaron, ofreció otro plan. El quería obligar a todos a vivir según las reglas. Hubo una especie de batalla entre los dos grupos de espíritus, en la que salieron ganando los que seguían a Cristo. Ellos irían a la tierra con la habilidad de elegir entre el bien y el mal. Los mormones creen que Jesús murió para que la gente pudiera ser perdonada por sus errores y volver a vivir con el Padre Celestial después de morir.

Los dos misioneros no habían progresado mucho con su lección cuando yo los detuve para comenzar con mi aluvión de preguntas. Los acribillé con cualquier tema que se me ocurriera, puesto que parecían saber de todo. Así que llegué a decirles, —Eh, ustedes que tanto saben, a ver si me pueden decir porqué estamos aquí. ¿Qué diablos pintamos aquí?

Quería oir su respuesta porque nadie había podido contestarme esa pregunta. Uno de los misioneros abrió un libro que parecía una especie de escritura.

Me enseñó el libro, el que llamaba El Libro de Mormón, y comenzó a leer ciertos pasajes que parecían contestar mi pregunta sin titubeos. Yo no había oído hablar nunca de ese libro, pero no me causó problema alguno, porque en realidad, nunca había leído la Biblia, y ese libro nuevo, el de los misioneros, era para mí auténtica escritura también. Y lo que me estaban leyendo tenía sentido. Eso era lo que más me alucinó. En una sóla tarde, una breve visita, estos muchachos hablaban de cosas que de veras tenían sentido, contestando preguntas que me habían roído por años sin que nadie pudiera satisfacerme con expilcaciones.

Por eso no me llevaba bien con la iglesia Católica. El cura siempre decía, —No te preocupes. Haz lo que te digo y basta. –Eso no me convenció para nada. Lo que ellos decían del Dios tan maravilloso, el Dios que ellos predicaban, no me entraba porque los curas mismos decían una cosa y practicaban otra.

Así que yo estaba embriagado con la charla que se desarrollaba en mi casa esa noche. Seguía haciéndoles preguntas y ellos seguían contestándomelas acudiendo al Libro de Mormón y la Biblia.

Así iba volando el tiempo, y a las 10:00 P.M. me dijeron que tenían que irse a casa. Tendrían mucho gusto en volver en otra ocasión, pero las reglas requerían que estuvieran en su apartamento a las diez y media. Yo les dije, —No. Si se van así, ahora que tengo interés en lo que van enseñándome, no piensen en volver a esta casa.

Yo estaba absorto en su visita y su información. Habían contestado tantas preguntas, y yo tenía muchas más, y no quería que se rompiera el hilo tan pronto. Insistían. Tenían un presidente de misión que establecía las reglas y no querían ir en contra de él.

—Llámenlo, —les dije. Se miraron atónitos, como si fuera imposible. Yo volví a decirles que si querían volver a hablar conmigo, tendrían que llamarlo.

El misionero que marcaba el número estaba más nervioso

que un gato ante un perro rabioso, pero no dejó de hacerlo. Yo hablé personalmente con el presidente de la misión.

—Reconozco que estos muchachos tienen que obedecer reglas y cosas por el estilo, pero lo que es yo, tengo mucho interés y gusto en lo que dicen. –Así le hablé a la persona anónima al otro lado de la línea. –Yo no quiero esperar una semana más para oir lo que tienen que decirme. No se preocupe por ellos. Yo mismo los acompañaré a su casa para asegurar su seguridad.

El presidente no se convenció fácilmente. Indicó con firmeza que las reglas de la misión servían un propósito práctico y sagrado y que él contaba con la obediencia de todos sus misioneros. Yo no quería nada que ver con esas reglas. A mí me importaban un bledo.

—Si no se quedan para enseñarme esta noche, no tengo interés en verlos más, —le dije. Y se lo dije en serio. Por fin, cedió, y yo le prometí que yo vigilaría para que llegaran con perfecta seguridad a su apartamento.

Yo tenía dos motivos para mi terquedad. Primero, estaba realmente interesado en lo que enseñaban esos muchachos, pero también me roían mis sospechas con respecto a su autenticidad y quería descubrir dónde vivían para servirme de ese dato por si llegara a serme útil algún día.

Así que siguieron enseñándome, constantemente consultando el Libro de Mormón, refiriéndose a ciertas secciones que necesitaban para contestar mis preguntas. Llegó un momento cuando me pidieron que yo leyera un pasaje en voz alta. Uno de ellos llegó a insistir un poco y me puse muy nervioso.

—¿Por qué no quiere leerlo? –me preguntó.

Y cada vez me negaba y decía, —No, leelo tú. —El otro compañero cayó en la cuenta de mi resistencia, sospechando tal vez que yo no sabía leer bien, y no volvieron a insistir.

Por fin me di cuenta de que estaban bien cansados, pero igual, no quería que se fueran todavía. Habíamos cumplido cuatro o más de sus lecciones (o "charlas," como decían ellos), y llegamos a la parte delicada que tenía que ver con el dinero—las ofrendas y los donativos que la iglesia requería de los miembros. El nombre que le daban los misioneros era *el diezmo*. Allí la conversación se puso difícil.

Los católicos recogen muchísimo dinero y yo naturalmente sospechaba de cualquier iglesia que pedía dinero. Ahora estos misioneros me explicaban cómo se usaban *los diezmos*, como se usaban para edificar capilllas y templos, ayudar a los pobres, y todo eso. Yo pedí pruebas, y el misionero explicó cómo funcionaba el sistema y las medidas de contabilidad que seguían, los presupuestos de cada unidad, y como comerciante quedé intrigado.

Pero pronto me antojó saber más del Señor, y con eso, los misioneros abarcaron el tema de cierto tipo que se llamaba José Smith. Nunca había oído hablar de él.

Y cuando emprendieron ese tema, me puse escéptico en extremo. Cuando empezaron a hablar de un jóven—más joven que esos mismos misioneros—que oró y llegó a ver a Dios y Jesucristo y luego encontró un libro de oro, la "charla" llegó a su punto más flaco.

Y me puse a pensar en serio que estos dos me habían timado. Y lo que suelo hacer cuando sospecho que alguien me está engañando es callarme y ponerme muy atento a lo que dice el tipo. Y eso ocurrió esa noche: me puse atento, buscando las flaquesas en mis visitantes.

Pero no cambiaron ni siquiera una sílaba de su testimonio. Eran constantes como el sol y hondamente sinceros. No se disculparon por su creencia ni retrocedieron de lo confirmado, aunque sabían cómo me caería ese cuento tan ridículo. Seguían firmes y convencidos, insistiendo que "José Smith fue el primer profeta de la época moderna."

Siguieron explicando más, y yo me aflojé un poco, lo suficiente para hacer otras preguntas, y esto duró hasta las dos de la mañana, cuando los permití volver a su apartamento. Los seguí en mi coche como había prometido y les recordé de llamar a su jefe.

E hicimos un acuerdo para juntarnos otra vez la próxima semana.

DIEZ

Cada día que pasaba después de esa visita maratónica, mis pensamientos no me dejaban quieto. Mi mente revolvía todo lo que esos jóvenes me habían dicho, y me estaba afectando. Era como si oyera susurros, voces, que no me dejaban olvidar.

Todos esos pensamientos seguían acompañándome y no podía compartirlo con nadie, sobre todo con los que trabajaban conmigo. No tenía nada que ver con la naturaleza de mis tratos con ellos, sino que para ellos la religión era y siempre había sido uno de los timos más provechosos, la fachada que usaban los estafadores para timos que producían milliones de dólares.

¿Por qué me preocupaban esas cosas? ¿Por qué me había metido en eso? Yo, que ganaba una fortuna haciendo estafas, dejándome influenciar, preocupándome por cuestiones religiosas, por Dios, y por un profeta llamado José Smith, y una iglesia que se me presentó apenas dos semanas antes.

Tal vez era porque cuando uno tiene todo lo que necesita para sostener la vida, y todos los juguetes para entretenerse, y tiene la costumbre de su ambición de tener cada vez más, llega a un punto cuando empieza a preguntarse, "Qué propósito tiene todo esto?" Yo personalmente acariciaba el propósito de obtener todo lo que podía, pero es más: era el juego, la emoción de ganar. Era una diversión para mí.

Pero durante toda la semana, era como si alguien estuviera siguiendo mis pasos, susurrando en mi mente, "¿Tendrán razón esos jóvenes?" En mi mente, se desarrollaba una batalla en la que surgían conceptos nuevos: *diezmos, profetas, el propósito de la vida . . . .*

Lynette también estuvo presente durante esa primera reunión, pero era obvio que no le interesaba gran cosa. La verdad es que ella dormitaba durante la presentación. Ella estuvo presente por mí. Los muchachos le cayeron bien porque eran corteses, limpios, simpáticos y respetuosos—características raras en muchachos de esa edad. A ella le gustaba que estuvieran en nuestra casa.

Ella les aguardaba conmigo la segunda vez también. Donde estaba yo, estaba ella, era nuestra costumbre. Al poco rato, habíamos vuelto a abarcar los temas de antes, pero con aun mayor intensidad. Hablamos del Libro de Mormón y José Smith, y cuando los misioneros acudían a pasajes del Libro de Mormón, mucho para mi consternación, pedían que yo leyera en voz alta lo que estaba escrito. Por fin, llevé de lado a uno de los misioneros y le dije, —Mira, sé que sabes que yo no sé leer, conque deja de pedírmelo de una vez. Me estás avergonzando.

Se puso rojo como un tomate. –No, claro que no, no lo haré más.

Entramos de nuevo en la casa y nos pusimos a ahondarnos en los detalles de la vida de José Smith y su llamamiento como profeta. Dijeron que tenían una película que enseñarnos. Creo que se llamaba *Las Familias Son Eternas*, con el tema de familias. Me tocó hondo porque me había criado en una familia grande. Hablaba del Padre Celestial y la importancia de la familia en su iglesia.

Cuando se terminó la película, volvimos a abarcar el tema de José Smith. Me costaba tragarlo. Es decir, el Padre Celestial baja del cielo con Jesús para hablar con un tal José Smith que no había llegado a los veinte años de edad. Si yo tratara de hablar de eso con alguno de mis socios, si no se muriera de risa, de todos modos me tendría por loco de remate. Pero yo escuché. De veras, escuché con mucha atención a lo que me decían los misioneros.

Presté aun más atención cuando me explicaron lo que ellos hacían. Servían voluntariamente a los diez y nueve años de edad, pagando sus propios gastos. Yo les había preguntado antes cuánto ganaban y ahora explicaron el programa misional de su iglesia. Y me dejaron atónito.

Era increíble que jóvenes, muchachos de diez y nueve años de edad, dedicaran dos años de su vida, sobre todo durante esa etapa crítica de su vida, para ir a un lugar completamente desconocido sin que les pagaran un centavo, a predicar el evangelio. Eso sí que me llamó la atención.

La "charla" no duró más que cuatro horas esa noche. Les pregunté si querían que les siguiera a casa otra vez; no hubo necesidad. Pero los acompañé a su coche y uno de los misioneros abrió el baul y me tendió una copia del Libro de Mormón.

—Póngase a leer esto, —me dijo. –Si lo lee la primera vez, podrá leer cualquier cosa después.

Lo miré de arriba abajo. –Ay, hijo, —le dije, —yo nunca pasé del décimo grado, y eso a base de engaños, y al llegar al décimo año y me escabullí de la escuela. Me parece totalmente imposible que pueda leerlo completamente.

—Arrodíllese y pida al Señor que le bendiga, —respondió el misionero.

Ya me habían enseñado el orden de una oración y yo lo tenía escrito. Primero, hay que dirigirse al Padre Celestial. Luego, hay que agradecer lo que uno tiene antes de empezar a pedir más. Las peticiones siguen el agradecimiento. Y se cierra la oración en el nombre de Jesucristo. Me dijeron que si yo pedía ayuda del Padre Celestial, y si me ponía a leer el Libro de Mormón, tendría la capacidad de leer.

Escuché esa promesa y me decía, *¿así que todo lo que tengo que hacer es seguir este orden, lanzar mi petición, y sería capaz de empezar a leer?*

Me costaba creer eso, y cuando los misioneros me retaron de esa forma yo lo acepté

Decidí orar, pero no ante mi esposa. A ella le parecían muy simpáticos los muchachos y le gustaba su iglesia, pero no entró de lleno en el proceso. Ella se acostó y yo me quedé en la sala, abrí el Libro de Mormón y lo miré largamente.

Vi las palabras, las frases, el lenguaje extraño de un tiempo lejano, y las dudas me invadieron como un efluvio. Pero me arrodillé junto al sofá. Estaba nervioso. No me avergonzaba, pero estaba nervioso, pensando y preguntándome, *¿y si Dios verdaderamente existe?*

Yo estaba muy acostumbrado a estafas y timos, y de repente me preguntaba si ahora estaban timándome a mí. O, si yo estaba timando a Dios, si de veras Dios existía. De todos modos, me arrodillé y me fijé en el papelito que tenía las instrucciones para el orden de la oración. "Diríjase a Dios, después agradézcale, luego viene su petición, y después el final.

Bien, pensé. *Yo puedo hacer esto.* Y lo probé. No fue gran cosa. Yo simplemente pedí que pudiera leer. Me acosté, sin saber si mi oración había pasado más allá de las paredes de la casa.

Al levantarme a la mañana siguiente, era sábado, y tenía muchas tareas que atender, tanto en el jardín como en mi oficina.

Entré a solas en la oficina, llevando el libro. Me coloqué ante mi escritorio y abrí el libro. Lo miraba línea por línea. Leí la introducción. Estuve allí unas tres horas leyendo la primera parte.

El misionero me había explicado un poco de lo que se trataba el Libro de Mormón y algo de su historia, afirmando que era el libro más correcto que se había escrito en el mundo. Esa afirmación me despertó gran interés. Me intrigaba.

Llegué a poder leer casi una página por hora, y mayormente comprendía la lectura. Antes, si se me facilitaba una revista que tuviera que ver con los camiones, si estaba a solas, yo podía decifrar a duras penas, palabra por palabra, un breve mensaje, como “Este camión tiene frenos hidráulicos.” Si llegaba a palabras largas y desconocidas, me frustraba y perdía interés muy pronto.

Así que lo que hacía con el Libro de Mormón me hacía sentir que iba bien, palabra por palabra, y notaba que cuanto más leía, más me sentía a gusto y más estaba comprendiendo.

No me aburría. Me era difícil a veces, y me frustraba encontrar palabras desconocidas, pero no me aburría.

Y seguí leyendo.

O N C E

Asistimos a una iglesia mormona por primera vez el fin de semana del cuatro de julio, un poco más de un mes después de la primera visita de los misioneros.

Yo tenía mucha curiosidad para ver cómo sería una reunión de esa índole, pero Lynette estaba un poco nerviosa. Yo no tenía nada que temer. Tenía todo lo que necesitaba; nadie podía hacer nada para que me preocupara.

La reunión a la que asistimos por primera vez fue la que ellos llaman la reunión sacramental, y yo no podía creer lo que vi, o más bien lo que no vi. No había campanas; nadie tiraba humos de incienso por todas partes. No había amplias ropas blancas y nadie se vestía de sotana. El clero no recibía dinero; eso ya me lo habían aclarado, sino que el clero lo formaban los mismos miembros de la congregación, a los que las autoridades llamaban para llenar ciertos cargos en la iglesia. Todos podrían tener, y por cierto tendrían, la oportunidad de desempeñar alguna responsabilidad, o varias, alguna vez. Muchachos, jovencitos, repartieron la Santa Cena, como dicen ellos, o sea los sacramentos, trocitos de pan, y agua servida en menudas copitas. Todo estaba bien ordenado. Daba gusto. Me sentía muy a gusto. Ese domingo tenían algo que ellos llaman "día de ayuno y testimonio." Ese día, así me explicaron, los miembros deben llegar a la capilla habiendo ayunado, es decir, precindiendo de comida y agua durante veinte y cuatro horas, o sea, saltándose dos comidas, un gesto de sacrificio para superar dificultades físicas y también acercarse más al espíritu del Padre Celestial.

Durante esa reunión, cualquiera podía adelantarse para expresar sus sentimientos hacia la iglesia, declarando su tesimonio de su veracidad. Me interesó sobremanera. A varias personas oí repetir las palabras, "Yo sé que esta iglesia es verdadera."

Y me decía para mí, *¿Cómo saben eso? ¿Acaso Dios habrá bajado del cielo para decir, 'Oye, Joselito, esta iglesia es la verdadera'?*

Mi mente estaba hecha un torbellino.

Se me presentó a la autoridad máxima de esa congregación, al que llaman el obispo. El obispo Gerald Duncan era un hombre extraordinario. Tenía discernimiento. Parecía tener la habilidad de leer tu carácter con una mirada. Me miró con una intensidad cordial y le devolví la mirada. El sonrió, se retiró un par de pasos antes de saludar a otra persona y me dijo, —Ya hablaremos.

Eso me desconcertó un poco. Me preguntaba porqué había dicho eso y qué significado tenía. Los misioneros no sabían nada de mis asuntos, ni tenían idea. Sabían que yo tenía una empresa de transportes y no pasó de eso.

No volví a pensar más en el comentario del obispo y volví a casa, impresionado con lo que había visto y experimentado y listo para aprender más.

Cuando los misioneros llegaron a mi casa por tercera vez, yo estaba progresando a pasos grandes (relativamente) con mi estudio del Libro de Mormón.

Después de la película sobre las familias, yo les había preguntado si tenían otras cosas semejantes, y me respondieron que tenían varias películas. Les pedí que me trajeran una con cada visita. Yo seguía fascinado con esta religión.

Para la próxima visita, me trajeron una película que trataba de la dedicación del templo en Washington, D.C. Hablamos un poco más del Libro de Mormón y yo monté la pantalla para ver la película.

Los misioneros empezaron a explicar algunas cosas referentes a los templos, y cuando describieron el propósito que tenían, la imagen del templo en Salt Lake invadió mi mente como si lo viera de nuevo. Me mostraron una foto del templo en Washington D.C. que me hizo recordar el de Salt Lake, y les dije cuánto me había impresionado cuando lo vi por la ventanilla del avión.

Luego vimos la película de la dedicación del templo en Washington D.C., que mostraba ciertos aspectos de la construcción de este imponente y magnífico edificio fuera de la capital, coronado de la dorada estatua del Angel Moroni.

Moroni, como ya tenía entendido, era el profeta antiguo que vivió en el continente de America, que tuvo la responsabilidad de enterrar las planchas de oro, cuyos escritos llegarían a ser el Libro de Mormón en el siglo diez y nueve.

El narrador del video explicó la creencia mormona con respecto al Plan de Salvación, a saber: Todos podemos volver a vivir con Dios y nuestras familias si creemos en Jesucristo y seguimos sus mandamientos.

Dentro del edificio del templo había cuartos de sellamientos en los que las parejas podían casarse, y sería una unión no sólo por la duración de esta mortalidad sino por toda la eternidad. Si guardaran las promesas que se hacen en el templo, nunca serían separados de sus futuros hijos; ni la muerte podía separarlos.

Los mormones creen en el bautismo por poder; es decir, dentro del templo, se bautizan por los muertos, dándoles a los que no llegaron a conocer el evangelio de Cristo la oportunidad de aceptarlo en el más allá, para poder unirse con sus familiares en el Cielo algún día.

El narrador continuaba hablando mientras la cámara dirigió su mirada dentro del templo mismo, capturando algo del servicio dedicatorio, y por fin, desde la perspectiva de un heliocóptero, daba vueltas a las agujas, incluso la más alta en que la dorada figura de Moroni, con su trompeta reluciente en alto, estaba parado.

Esa vista me dio escalofríos, como si una corriente eléctrica corriera por mis venas. Sabiendo lo que el angel representaba y lo que significaba, yo me sentía casi transportado, y algo dentro de mí se abrió como un torrente, y me puse a llorar como un bebé.

Cuando se prendió la luz de nuevo, me dirigí a los muchachos y les dije, —Yo tengo que entrar en ese edificio. ¿Qué tengo que hacer? ¿Por dónde empiezo?

Yo sabía que lo que había visto era justo y correcto. No me cabía duda. Lo que me habían enseñado era verdadero, era correcto.

Empecé a acribillarlos con preguntas sobre el templo. Es una costumbre mala que tengo. Cuando tengo gran curiosidad por algo, no puedo contenerme hasta que me satisfaga con la información que quiero. ¡Quiero saber, y quiero saber inmediatamente!

Me explicaron que tendría que esperar por un año después de mi bautismo para poder entrar, puesto que necesitaría tiempo para aprender más y prepararme para los convenios que se hacen en el templo.

El primer paso, me explicaron, era hacerme miembro de la iglesia.

—Pues, vamos. Hagámoslo ahora, les dije.

El misionero más joven por poco se cayó al suelo. El otro dijo, —Despacito, despacito. Hay mucho más que aprender, muchas lecciones más.

Desde ese momento, yo sabía. Sabía que lo que me enseñaban era la pura verdad. Yo tenía que unirme a la iglesia; por impaciente que estuviera, tendría que seguir ese plan de enseñanzas que tenían los misioneros, y programarme las sesiones que faltaban para las siguientes semanas.

En una ocasión, los misioneros me llevaron a una "charla fogonera," como decían ellos—medio reunión y medio velada—

en la que un orador o conferencista de la iglesia se dirige a un grupo, o sea una pequeña congregación, para desarrolar un tema específico que se relacione con algún aspecto de la iglesia. Esta vez, se convocó en la casa de la misión—la cabecera de la misión en Detroit.

Esa noche conocí al presidente Bruce Talbot por primera vez, el mismo con quien había conversado por teléfono la primera vez que los misioneros vinieron a mi casa—el jefe que por fin concedió permiso para que los élderes continuaran enseñándome hasta la madrugada.

Me miró directa y francamente, tal como el obispo Duncan había hecho. Hablamos de las lecciones, de los misioneros, y de la iglesia, y nunca dejó de mirarme. Yo tenía la impresión de que me estaba leyendo por dentro. Me sentía raro, un poco desconcertado.

Después de la charla fogonera, él y yo fuimos a otro cuartito del edificio. Yo sabía que tenía la obligación de entrevistarme con el presidente de la misión para poder bautizarme y llegar a ser miembro de la iglesia mormona, pero no sabía cómo sería esa entrevista.

—Tengo entendido que usted quiere bautizarse, —me dijo.

—Sí. Es cierto. Me siento muy a gusto con lo que esos muchachos me enseñan.

—Hm. Probablemente hay más motivos para que no se bautice de los que hay para bautizarse. Voy a considerar su deseo por unos días, y le avisaré de mi decisión.

Un par de días después, me llamó para darme permiso de bautizarme.

Yo no alcancé a reconocer el conflicto entre mis tratos profesionales y esta nueva religión. Tanto el obispo Duncan como el presidente Talbot me entrevistaron antes del bautismo que estaba programado para septiembre. Pero no divulgué nada más allá del cuento típico de cómo me ganaba el pan, y después hablamos de mi parecer con respecto a las enseñanzas de los élderes.

Nunca se me ocurrió que las dos cosas no compaginaban. Porque los católicos, o por lo menos *este* católico, se crían con el concepto de que, aunque fueras Matungo Asesino, con tal de contribuir mil dólares mensuales a la iglesia y profesar una creencia en Dios y confesar tus pecados en el confesionario, todo estaba bien. Así era mi concepto de la religión.

Y así pensaba proceder con esta nueva religión, tal como todos los que yo conocía procedían en la Iglesia Católica.

DOCE

Vestido de blanco y sentado junto a Lynette, que también estaba vestida de blanco, escuchaba al predicador que hablaba de lo que signifcaba bautizarse por inmersión en el agua, y de hacer borrón y cuenta nueva con Dios.

En una capilla cerca de nuestra casa donde nosotros dos, con los misioneros y otros miembros del barrio y otros participantes y testigos del proceso del bautismo, nos habíamos juntado para hacer lo que los mormones creen que es el primer paso esencial para volver a su Padre Celestial.

Con la imagen del templo grabada en mi memoria, yo sabía que había hecho la decisión correcta. En cambio Lynette, bueno, ella etaba allí porque yo estaba allí, como de costumbre. Pero mis pensamientos rondaban sobre mí mismo y mi meta de llegar algún día al templo.

Entré en la pila bautismal con uno de los misioneros que llegaron a mi casa por primera vez hacía unos meses antes, y él me bautizó como miembro de la Iglesia de Jesucristo de los Santos de los Ultimos Días, sumergiéndome en el agua para consumar la ordenanza. Lynette me siguió, y yo lo presencié, todavía empapado y chorreando agua de mi propio bautismo.

Después de secarnos y cambiar de ropa, yo y Lynette escuchamos otro discurso, esta vez sobre el Espíritu Santo, del que habíamos aprendido en una de las visitas de los misioneros. El Espíritu Santo es el tercer personaje de la deidad, con el Padre Celestial y Jesucristo. Antes, habíamos aprendido y aceptado que la deidad consistía en tres personajes separados; no una sola entidad, como creen los católicos. Un personaje de espíritu, el Espíritu Santo había de ser nuestro compañero constante, un consejero y consolador, una voz suave que amonestaría con sugerencias divinas en momentos difíciles.

En ese momento, el concepto me encantaba; no tenía la menor idea de los momentos difíciles que me esperaban, ni de la necesidad que tendría del Consolador.

Uno tras otro, yo y Lynette pasamos delante del grupo para ocupar una silla, y varios hombres de la iglesia, incluso los misioneros, impusieron las manos sobre nuestra cabeza. Los mormones creen en un sacerdocio, un poder literal concedido a hombres dignos para obrar en el nombre de Dios. Fue por esa autoridad que fuimos bautizados y ahora, confirmados miembros de la iglesia. Uno de esos hombres, funcionando como la voz del grupo, nos confirmó miembros de la iglesia y nos dio el don del Espíritu Santo, el que nos guiaría si siempre nos mantuviéramos dignos de recibir su ayuda. Después, el hombre pidió a Dios que nos bendijera en muchos aspectos de nuestra vida, y concluyó la bendición en el nombre de Jesucristo. Yo sabía que lo que acababa de hacer era correcto. No me cabía duda alguna.

Era como si yo estuviera de nuevo en ese drama—el sueño que tuve en Provo durante la primavera, en que se me presentaba la necesidad de cambiar de camino. Y ahora, ya había tomado ese camino, el que me correspondía para enmendar mi vida.

Yo pensaba mucho en ese sueño. Ahora estaba seguro de que había sido un presagio de cosas venideras y una amonestación de aceptar el riesgo y cambiar de curso cuando se me presentara la ocasión. Más tarde, me di cuenta de que era sólo el principio. Había llegado a la bifurcación en el camino, pero los verdaderos cambios quedaban más allá en ese camino nuevo.

Había varios hombres allí en la ceremonia de nuestro bautismo, incluso el obispo y el presidente de la estaca. Una estaca es una región más amplia de la congregación mormona, muy parecida a lo que los católicos y algunos protestantes llaman una diócesis. Otros hombres, profesionales en varios campos y peritos con respecto a las escriturias, también figuraban entre los presentes.

Yo me preguntaba porqué estarían allí. Eran señores distinguidos que parecían muy preocupados para que todo estuviera bien preparado y que todo se hiciera correctamente.

Fue un día excepcional para mí.

Nuestro bautismo acarreaba cambios, pero no los que parecían los más obvios.

Los mormones tienen un código de salud que ellos llaman la Palabra de Sabiduría. Los miembros no deben fumar, tomar bebidas alcohólicos ni café, ni comer carne en exceso, ni otras cosas tampoco. Es simplemente un sistema lógico, directrices para una orientación general, pero el cumplimiento de La Palabra de Sabiduría es un requisito si uno quiere entrar en el templo.

Yo sí quería entrar.

Me costaba no tomar café, porque me había acostumbrado a tomarlo regularmente cada mañana, pero al fin y al cabo no resultó demasiado difícil dejarlo. Bebidas alcohólicos—casi nada. Casi no tomaba, porque no me gustaban los afectos que producía el alcohol. Siempre prefería estar en mis cabales.

El diezmo era más complicado. Eso requería una donación a la iglesia del diez porciento de mis ganancias. Yo cumplía, pero no con todo el dinero que me llegaba. Mi esposa no quiso aceptar el principio, y tuvimos grandes disputas al respecto. Tal vez ninguna otra diferencia entre nosotros llegó a tanto. No le gustaba la pérdida de tanta plata. Yo estaba donando entre trescientos y cuatrocientos dólares por semana de mis empresas y salarios legítimos. Y no le gustaba.

Tampoco le encantaba asistir a la iglesia todas las semanas. Para mí, no había problema alguno, e iba cada domingo. La queja principal de Lynette estribaba en la reunión de la Sociedad de Socorro, la organización en la iglesia que es excusivamente para las mujeres. Era una reunión aparte, y no le gustaba esa separación, ni le gustaba lo que ella tildaba la actitud de empalagosa que, en su percepción, prevalecía en esa reunión.

Por cierto, era un cambio grande. Habíamos entrado casi como refugiados de la calle, sin experiencia ni idea de lo que era esa organización. Los curiosos nos seguían con la vista cuando íbamos a las clases. Eran serviciales, tratando de orientarnos bien y ponernos a gusto, y eso estaba bien. Pero a Lynette le parecía que todos eran demasiado "perfectitos" y que no tenían idea de lo que era la vida real, la dura realidad del mundo. Para mí, todo lo contrario. Me gustaba llegar a la capilla para aprender cada vez más. Tenía hambre de saber, descubrir algo nuevo, ganar mayor perspicacia y entendimiento, mejor perspectiva, y descubrir el propósito de mi vida.

Los misioneros seguían visitando nuestra casa con más lecciones, preparadas ahora para miembros nuevos. Pero yo, siempre fiel a mis caprichos, los acribillaba de preguntas, destruyendo la organización de sus planes para obtener respuestas a las preguntas que se me ocurrían a cada paso en mi vida. Había leído el Libro de Mormón antes de bautizarme y seguía leyéndolo, y cada día nuevos conceptos nacían y nuevas preguntas se gestaban en mi mente. Si me topaba con algo que no entendía, se lo hacía saber a los misioneros, o a los hombres instruídos, los peritos, en la iglesia.

Leía todos los días. Me urgía saber más, cada vez más. Todo tenía sentido. Se escuchan tantas cosas sobre cuestiones religiosas. De niño, yo oía tantos rumores, tantas sandeces, y ahora, de repente, todo tenía sentido. Mis lecturas tenían sentido.

En serio, lo que se lee en el Libro de Mormón es cosa cierta; es decir, pudo haber ocurrido de veras. Me pongo a leer otro episodio y me digo, *Vaya, ¡qué cosa! Esto no puede ser una ficción.*

Era pura realidad. Cada vez que me ponía a leer tres o cuatro capítulos, me quedaba quieto, pensando, tratando de hacer lo que el profeta aconseja, ponderando lo que acababa de leer.

Así procedía, pero a la vez estaba elaborando un juego en mi cabeza. Me imagino en el lugar de Abinadí, por ejemplo, un antiguo profeta americano del Libro de Mormón, el que entra en la corte del inicuo rey Noé para convencerle de la necesidad de arrepentirse. Me imagino ese profeta flaco ante el poderoso rey y sus siervos y me digo, *¡caramba, qué agallas tenía ése!*

Estuvo allí parado ante ellos y testificó del Señor y lo mataron, dije para mí, contemplando la escena. Y así procedía en mi lectura, tratando de imaginarme dentro de la situación del individuo del que estaba leyendo. En verdad, ya me encontraba en la situación de Abinadí. No tenía porqué emplear la imaginación. Pero meditando lo que a él le aconteció, su sufrimiento y su muerte, me tocó muy hondo.

En el Libro de Mormón, los profetas testifican de la iglesia con una convicción firme. El Espíritu está con ellos, no cabe duda, y nadie puede detenerlos.

Después de hacer lo que el Señor le ha mandado, Abinadí les dice, —Bien. Acabo de decir lo que tenía que decir. Ahora hagan lo que quieran conmigo. No me importa.

Tanto me impresionó esa historia que, cuanto más leía, más le sacaba de quicio a cierto miembro del barrio con mis preguntas. Era uno de esos peritos en cuestiones de las escrituras, y me atendía con paciencia, y me contestaba, una tras otra, mis preguntas. ¡Menuda tarea!

Me dijo que lo llamara en cualquier momento. Y así lo hice. En el trabajo. A las dos de la madrugada. Cuando me roían preguntas, le llamaba. Me sugería otras fuentes de información, otros libros o escrituras, para descubrir mis propias respuestas a mis propias preguntas.

Durante los primeros tres meses de recién bautizado, eso fue mi enfoque, estudiar hondamente en el Libro de Mormón. Me encantaba, y casí me posesionaba.

Me urgía aprender más.

TRECE

Dentro de la Iglesia, nadie sabía nada de mis tratos profesionales. Dentro de la Organización, nadie sabía que me había hecho mormón. Ni había necesidad de que el uno supiera del otro, según pensaba yo.

Yo estaba lo más contento con esta iglesia nueva que me estimulaba la mente y que por fin me satisfizo con respuestas a mis preguntas, cosa que no había ocurrido en ninguna parte antes. Mi trabajo iba bien, y producía buenas ganancias, como siempre. Nuevos tratos, nuevos timos, y los viejos seguían produciendo. Era una vida buena . . . así me parecía a mí.

Todavía no me di cuenta, pero yo estaba cambiando. A los pocos meses después de mi bautismo, supe que algunos de mis socios habían notado el cambio. Empezaron a hacer preguntas.

Yo ya no era tan impulsivo. Andaba con mayor cautela en los tratos que gestionaba o los en que me involucraba. —¿Debemos hacer eso? –preguntaba a mis socios.

No era cosa pensada, sino algo que se hacía por sí solo. Y mis socios se ponían cada vez más curiosos para saber qué me estaba pasando.

Hacía unos cuatro meses que era miembro cuando el obispo Duncan se me acercó en el pasillo de la capilla un día durante los servicios dominicales y me dijo,

—Después de la reunión sacramental, quiero hablar con usted.

—Cómo no, —le respondí, pensando que no podía ser nada serio.

Después de la reunión, yo estaba conversando con algunos amigos mientras salían de la capilla cuando el obispo se me acercó otra vez y descansó su brazo sobre mi hombro y dijo, —Venga conmigo.

Le seguí a su oficina. Entramos y él cerró la puerta, echándole llave.

Lo que me dijo me dejó sin aliento.

—Yo no sé lo que hace Ud. ni cómo lo está haciendo, pero no se puede servir a dos señores, —me dijo con una mirada penetrante. –Descarte uno u otro.

Quedé tan atónito que no supe responder. El corazón me dio un vuelco, sabiendo exactamente lo que él quería de mí. Tenía que dejar mis empresas ilegales.

Quedé mirándole, y por fin oí mi voz que le decía, —Pero es mi sustento. ¿Cómo puedo . . .?

—Mire, no se puede ser miembro de la iglesia y ganarse el pan como lo gana usted, —me dijo, agregando que había que elegir entre lo uno o lo otro.

Yo tenía los nervios destrozados. El obispo había dicho lo que tenía que decir y la conversación se terminó ahí. Ese intercambio me sacudió tanto que me fui a casa antes que terminaran los servicios. Estaba fuera de mí.

No quería, ni por nada, dejar la iglesia ya que ahora la había encontrado. Había estado tanto en paz conmigo mismo desde mi bautismo y estaba aprediendo tanto y ya tenía muchos amigos nuevos . . .

Llegué a casa y me senté en la sala. Y me quedé sentado largo rato. Entendí que estaba obligado a hacer un examen de conciencia y llegar a considerar profundamente la decisión que se me había presentado con seca claridad.

Les dije a mis socios que tenía que escaparme al norte por unos días y me dirigí a mi cabaña, de la que nadie sabía nada, para estar a solas, totalmente aislado, para poder analizar mi situación. Estaba ganando mucho dinero; no me faltaba nada, materialmente. Para muchos, la decisión habría sido fácil; para mí, todo lo contrario.

Me había dado totalmente a esta nueva religión, con mi alma entera, y la posibilidad de que tuviera que separarme de ella me era casi insoportable. Había descubierto respuestas a mis preguntas, soluciones a mis anhelos, y una paz que no había conocido nunca. Me sentía perfectamente compaginado con la iglesia y su doctrina. ¿Cómo dejar todo eso ahora, aun considerando el dinero que estaba en juego?

A solas en esa cabaña, pensaba mucho y oraba mucho, y volvía a pensar y orar más. Estaba a solas con mi Padre Celestial, hablando con El. Y luchaba conmigo mismo. Luchaba con una decisión cuya necesidad no se me había imaginado nunca. Rechazar todo lo mundano, el dinero, los juguetes, el poder . . . era una decisión dificilísima. Y si así llegara a suceder, ¿qué probabilidad había de que yo pudiera seguir viviendo como miembro de la iglesia aquí en la tierra?

¿Cómo iba a avisar a los de la Organización que yo ya no pensaba seguir con ellos? Me matarían, seguro que me matarían. No se puede renunciar. No había manera. Me había criado con ese concepto. Lo sabía cuando me involucré con ellos, y cuando el amor del fraude me entró como una adicción. En aquel entonces no me importaba. Era una manera de vivir—vivir una vida lucrativa, y no me imaginaba que algún día quisiera abandonarla.

Y ahora, eso precisamente fue lo que más quería.

En mi mente, lo repasaba todo. El sueño que tuve en ese hotel de Provo. La decisión tan extraña de Lynette de facilitar a los misioners ese número secreto, lo que me obligó a verlos personalmente y hablar con ellos. La película que vi sobre el templo. Mi reacción tan fuerte e inesperada. Mi oración tan forzada cuando pedía ayuda para leer el Libro de Mormón. La paz que me entró al salir de las aguas bautismales. La euforia de aprender cosas nuevas y el crecimiento de mi conocimiento. La maravilla de la fe y el valor de profetas como Abinadí.

Ya sabía que no había remedio. No me era posible abandonarlo.

Desde ese momento, mi vida se enfocó sobre un trato, un acuerdo más, un solo objetivo que acarreaba más riesgo que todos los anteriores: la manera de salir de la Organización con vida.

¿Cómo hacerlo y seguir respirando?

Yo me contaba como muerto ya.

Volví a casa y llamé al obispo Duncan e hice una cita con él.

—Quiero quedarme en la iglesia, —le dije. –Y lo sé con seguridad.

No le dije todo, pero traté de hacerle ver algo de lo que me esperaba.

—Mire, si renuncio, diciéndoles que ya no quiero seguir más con la Organización, me van a matar. Nadie renuncia a la Organización. Simplemente no se hace.

El obispo se quedó sentado, mirándome de arriba abajo. Meneó la cabeza. –¿No tiene Ud. fe?

—Sí, claro, pero usted no conoce las circunstancias, —le respondí

Quedó callado momentáneamente, y luego dijo,

—No hay nada en esas circunstancias que deba preocuparle. Y si le matan, ¿qué?

Yo sabía adónde iba con eso. La muerte me llevaría un paso más cerca de una reunión con mi Padre Celestial y Jesucristo. No sería una tragedia, sino un paso adelante en mi jornada hacia Dios. Sin embargo, era un paso que no tenía ganas de dar todavía.

—No he podido entrar en el templo todavía, —le dije.

—Sólo puede usted servir a un Señor, —contestó.

Comprendí. Y sabía ya lo que tenía que hacer. Le recalqué la necesidad de mantener en secreto todo lo dicho. –Yo no quiero que nada de esto vuelva contra la iglesia, —le dije. Me preocupaba por las repercusiones que mis futuras acciones pudieran tener.

—No se preocupe por eso, —contestó —Lo dicho aquí quedará aquí.

Nos pusimos de acuerdo en que debíamos incluir al presidente de la estaca en nuestro acuerdo, y arreglamos una cita con él.

En la entrevista con el presidente, le expliqué mis circunstancias y que yo había llegado a una encrucijada y me urgía tomar una dirección u otra. El me respondió, aclarando lo que ya estaba claro. –Esa decisión queda exclusivamente con usted. Nosotros no la podemos hacer.

Yo sabía que llevaría tiempo para elaborar todos los detalles y llegar al mejor plan para que saliera con vida. Le pregunté si podía seguir asistiendo a la iglesia mientras iba tramitando mi plan. Los dos líderes me dijeron que sí, que podía seguir asistiendo, pero que no debía tomar el sagrado sacramento. Eso me afectó hondamente. No poder participar en esa ordenanza sagrada con el pan y el agua equivalía a decirme, "Te tenemos acorralado, hijo. Tienes que decidir o serás desechado."

Si logro salir de este trance sin que me maten, ¿qué clase de vida me queda? Me preguntaba. No soy más que un pilluelo callejero sin educación formal, sin instrucción que valga. Sin la Organización y sus conecciones, ¿qué será de mí?

Conocía el negocio de transportes, pero al renunciar a la Organización, esos tipos no iban a permitir que siguiera con mi empresa. Me la quitarían en el acto. Si lograra sobrevivir y me echaran a la calle, ¿cómo me ganaría el pan? Ellos controlaban todo lo que yo sabía hacer.

Yo estaba frito. Bien lo sabía.

CATORCE

Mi decisión estaba hecha.

Y mi decisión inició una serie de acontecimientos que bien podrían acabar conmigo, y yo lo sabía. Pero mi conversación con los líderes de la iglesia y mi larga y solitaria estancia en mi cabaña con largas horas de oración—todo eso me reveló con perfecta claridad lo que tenía que hacer.

Sabía que lo que hacía para ganarme la vida y sostener mi estilo desde hacía tanto tiempo era malo, muy malo. Ya no cabía duda. Se oponía directamente a las enseñanzas de Jesucristo y su iglesia, la iglesia a la que me había unido, la que yo aceptaba totalmente, la que me había absorbido. Ahora estaba tan claro que me parecía mentira que no me hubiera percatado de ello inmediatamente.

Aparte del presidente de la estaca y el obispo, nadie estaba al tanto de mi tormento y el conflicto que me enredaban. Lynette nunca se había dado cuenta cabal de mis enredos, pero sabía que no eran totalmente legales. Y ahora no sabía nada de mis conversaciones con el obispo, ni mis días tan penosos en la cabaña ni la decisión a la que había llegado que cambiaría mi vida, o acabaría con ella.

Ella no quería saber los detelles; sólo le interesaba que el dinero siguiera llegando. Y ni eso le interesaba gran cosa. No me parecía nunca una mujer cazafortunas hasta que nos bautizamos y yo empecé a hacer donaciones cada semana. Y allí fue troya. Quería seguir la pista de cada centavo.

Al principio, nuestras querellas nacían del diezmo, pero luego era la iglesia en general que yo defendía. Su creencia no había sido muy firme desde el principio, y ahora la cuestión iba de mal en peor. De mi parte, la iglesia empezó a cambiarme desde el principio, influenciando mis acciones, mis percepciones, pero ella seguía igual que antes. Poco a poco, íbamos separándonos, con mi entrega a la iglesia cada vez más firme, y sus resentimientos cada vez más fuertes.

De ningún modo podía decirle lo que pensaba hacer. Yo sabía que llevaría tiempo poner todo en orden para que pudiera contar con la remota posiblidad de salir con vida e ir al templo algún día.

Así que me hice el diablo de día y el santo de noche, un esquizoide, siguiendo en el trabajo como el tipo diligente y responsible, el cerebro de operaciones, el que todo lo manejaba para que siguieran adelante los tratos.

Había que tener *mucho*, pero mucho cuidado, en todo momento. Luchaba con la manera de proceder. Luché así por dos meses, pensando en cómo iba a salir, cómo organizar todos los detalles, sin pasar ninguno por alto. Por fin, llegó el momento. Tenía que tomar el primer paso. Estaba listo.

Volví a la cabaña por otro fin de semana, y lo pasé orando.

—Señor –rogué —quiero hacer esto. Dame tu dirección. Ayúdame a saber cómo salir de este apuro.

No pedí nada en particular. Lo dejé todo en manos de El. –Lo que tú quieres que haga, lo haré, —le volví a prometer muchas veces. –Lo que sea mejor, que así sea.

Al volver a casa, empecé por fin a hilvanar los detalles. Fui primero a la oficina para recoger los billetes que había escondido en la cañería. Por lo menos, creía, tendré este dinero . . . si me dejan con vida cuando se concluya todo esto.

Le dije a Lynette que fuera a quedarse con su madre por unos días. Ella creía que seguramente otro enredo de los míos estaba gestionándose y consintió sin pensarlo.

Un día, estando solo en la oficina, me apoderé de todo lo que necesitaba—documentos, registros, cualquier cosa que me ofreciera protección para ese momento cuando yo revelara mis intensiones a mis jefes y socios, los que me habían educado en los métodos de la Organización, y se habían valido de mis mañas para enriquecerse a través de varios años.

El escondrijo para los documentos era un casillero en el aeropuerto (Detroit Metropolitan Airport). Otro escondrijo mis socios serían capaces de encontrar, pero con la llave en la mano, yo sabía que podía dejar esos papeles en el casillero por varias semanas sin que nadie se diera cuenta, y se quedarían seguros hasta que yo mismo estuviera listo para recogerlos.

Dejé la funda de almohada llena de billetes—$300.000 en dinero lavado—con un amigo en quien tenía absoluta confianza. Ya llegaba a los preparativos finales.

Con Lynette ausente y la oficina despojada de las cosas que yo necesitaba, había llegado el momento de hacer el primer paso. Hice la llamada.

Quería renunciar. No hubo oportunidad para explicaciones. Se pusieron furiosos. No quisieron creer lo que acababan de oir.

—Piénsenlo, —dije tranquilamente. –Volveré a llamar en una semana o dos.

Pasé seis días más en mi cabaña, subí al coche y manejé a Fort Mackinac para llamar de nuevo. Era la mañana de un sábado, y sabía dónde estarían convocados.

—¿Dónde estás? –me exigeron. Las preguntas no cesaban. ¿Dónde está esto? ¿Dónde está aquello? ¿Esos papeles? ¿Ese fichero?

Lo único que podía salvarme, y lo sabía, eran esos bultos de documentos que había escondido en el aeropuerto.

—Miren, —les dije. –Les daré todo lo que pidan. Lo único que quiero es llegar a un acuerdo.

—No. Ningún acuerdo. Ningún trato. –Se estaban poniendo cada vez más hostiles. Puse fin a la conversación diciéndoles que volvería a llamar en unos días.

Volví a Fort Mackinac una semana, más o menos; después, llamé otra vez y les dije que iba a volver a casa.

—Ya voy, —le dije al tipo en el otro lado de la línea. –Quiero hablar con el señor Borilla. Quiero poner a dormir este problemita. Quiero llegar a un acuerdo, y tengo algo pensado. De ahí podemos empezar.

Estaban más tranquilos esta vez. Les convenía verme para cerciorarse de mis planes, por lo que accedieron a una reunión. Pusieron la hora. Yo ya sabía dónde.

Colgué y emprendí el viaje de vuelta a la cabaña. Allí, al recoger mis cosas, y me sentía, por extraño que parezca, en paz. Subí al coche otra vez y comencé el viaje a Detroit, que bien podía ser el último.

A la hora señalada, llegué a una nave industrial en Detroit que se usaba para almacenar mercancías. No tenía nada de extraño. No anunciaba nada del carácter de los asuntos que se iban a tratar allí dentro.

Todos me esperaban; el aire estaba cargado de sospecha, ira, e incertidumbre. Los mandamáses estaban especialmente nerviosos. No sabían lo que pasaba conmigo. No sabían nada de lo mío, qué habría hecho, hasta dónde habría llegado la cosa, a quién podría haber cantado, quién estaría guardando mis espaldas.

Sólo sabían que me había entregado a algún tipo de religión. ¿Habría corrido al FBI para cantar mi salmo? Seguro que se preguntaban eso, y se les habría ocurrido pensar que tal vez estaban condenados. ¿Todavía tendría yo los documentos? ¿Habría yo perdido mis cabales, pensando que pudiera salir sin tacha?

Esos temores flotaban en el aire sin que nadie dijera una palabra cuando yo entré a la nave. Había tipos con armas, pululando, rondándome, mirándome cuando me acerqué a la mesa y a mi destino. Se me figuraba que había llegado a mi fin, y nunca saldría de allí.

Me detuve brevemente, balbuceando una oración en mi mente bajo los penetrantes ojos sospechosos de los presentes.

—Que pase lo que ha de pasar, —le dije al Señor. –Todo está en tus manos.

QUINCE

—¿Qué diablos estás pensando? —Era más ladrido que voz humana. Me encontraba ante el señor Borilla, sentado detrás de la mesa, cuya mirada casi me quemaba. —¿Qué diablos estás pensando? –repitió.

Quise decirle que me había bautizado en una iglesia pero no me dejó hablar. Me acribilló de preguntas sobre los tratos que yo había gestionado, los documentos que tenía en mi posesión, mi papel en otras operaciones. "¿Qué hiciste con esto?" con respecto a una operación. "¿Qué hiciste con aquello?" con respecto a otra.

Sentado allí ante él, le expliqué cada operación, dónde estaba ahora, adónde iba, cómo la había dirigido, etc. Ya tenía bien planeado lo que les diría , explicando como podían proceder perfectamente sin mí.

Mi conocimiento de esas operaciones era crucial para ellos. Estábamos timando, sirviéndonos de varias empresas para lavar dinero, mucho dinero. Un montón. Milliones.

Esos negocios andaban viento en popa, pero ellos no sabían los detalles de la operación y yo sí. Reconocían eso, y les preocupaba. Estaban acostumbrados a la corriente de dinero pasando de un lugar a otro, billetes en bolsas y maletas. Y yo estaba en medio de todo, la clave para mucho de lo que ocurría. Yo la clave, y quería renunciar. Para ellos, eso tal vez representaba la pérdida de milliones de dólares, aparte de la posibilidad de que yo recurriera a los federales, si no lo había hecho ya.

Interrumpí el torrente de preguntas, mirándole de frente.

—Mire, yo no quiero nada de ustedes

Me devolvió la mirada. –¿Es decir que estás preparado para abandonarlo todo?

—No necesito nada. Y sí, abandono todo.

Me enfocaba en Borrilla, sin hacer caso de las miradas tan feroces de nuestros socios. –No quiero nada, —volví a repetir, tratando de convencerle de mi sinceridad. –Lo que quiero es que me dejen en paz. Que me dejen quedarme con mi iglesia.

—¿Qué iglesia es ésa?

—¿Ha oído hablar de los mormones? –le pregunté. Me di cuenta de lo raro de esta situación.

Un destello iluminó su mirada brevemente. Se quedó mirándome sin palabras.

Alguien habló. —¿Quiénes son los mormones?

Brevemente expliqué cómo había llegado a conocer la iglesia, incluyendo una breve explicación de lo que representaba, y a causa de mis creencias, ya no podía seguir con las operaciones ilegales de la Organización. Necesitaba salir.

Incrédulo, me preguntó, —¿Es decir que estás preparado a abandonar todo esto por esa iglesia? ¿Y qué pasa si te matamos? ¿Qué tendrás después de tu muerte?

—Bueno, lo único que lamentaría es que no he podido ir al templo, —respondí, y él meneó la cabeza sin poder creerlo. –Pero aparte de eso, estaré lo más bien al otro lado.

El soltó una invectiva capaz de marchitar las flores o hacer flaquear al más valiente. No le entraba duda de que yo había perdido todo juicio, y todos los demás compartían su criterio. Pobre Mario. Loco de remate.

Este no puede ser el mismo tipo que conocemos desde hace años, el mismo Mario que nos condujo al negocio tan lucrativo de maquinaria pesada y nos brindó su empresa en la que convocábamos reuniones para decidir el destino de otros tipos locos como lo es él ahora, que se creían capaces de independizarse o renunciar sin retribuciones.

Seguro que Mario sabía lo que le aguardaba, y sin embargo, aquí está. ¿Qué diablos está pasando aquí?

Durante este intercambio de palabras, el señor Borilla se quedaba en su silla, observándome como a un sujeto biológico de origen desconocido.

—Yo he oído de esos mormones, —dijo por fin. –Yo sé que son buena gente. Si vives de acuerdo con el credo de ellos, no me preocupo por ti. –Se detuvo de nuevo, mirándome intensamente.

—Así que, ¿vas a vivir como quieren que vivas? —Era un reto.

—Bueno, es seguro que no estaría aquí ante ustedes si no quisiera hacer eso, —contesté sin saber exactamente qué intenciones le motivaban.

Pasaron varios minutos.

Por fin habló de nuevo. –Vas a pasar todo a nosotros. Tú ya no eres dueño de nada. Te quedas únicamente con tu casa, ¡y eso si tienes suerte!

Todavía no había llegado a una decisión firme, y seguía revolviéndolo en su cerebro. Lo que me podía salvar de una muerte definitava era que la policía nunca me había detenido y no tenían nada que pudieran usar para intimidarme, ni sabían en qué había estado metido. Sólo los que estaban allí en ese cuarto lo sabían Yo nunca había adoptado mañas de sabelotodo.

—Está bien. Te respaldo, pero no has de revelar nada a nadie, nunca. –Su tono era grave como la muerte. –Te dejo renunciar porque nadie te conoce, más que nosotros. Lárgate de aquí, que no te quiero ver más, y no vuelvas a empezar con más enredos porque ya no tienes carrera. Y te vamos a vigilar, no lo dudes. Nunca dejaremos de observarte.

Apenas podía creerlo. Iban a dejarme renunciar con vida.

¿O . . . no? Yo no estaba seguro. ¿Seré la víctima de un timo más? me preguntaba. Qué irónico, si Mario el ingenioso, el hábil, cayera en la última ronda.

Borrilla seguía amonestándome: que me quedara callado, que me anduviera con tiento, que no cometiera la bobada de cantar ni una sílaba. Y yo me preguntaba si quería hacerme creer en una falsa seguridad para que no me percatara de sus intenciones verdaderas.

Tal vez uno de mis antiguos socios tuviera una soga con la que me ahogaría, o un pistolero me aguardara para pegarme un tiro, una bala en la cabeza. Nada podía saber con certeza. Pero se me ocurrió que el Señor me había traído a este punto, a esta encrucijada en mi vida, para probarme, como Abinadí en la corte del rey Noé. Era como si le oyera decirme, "Quiero ver si tienes valor." Yo sabía que El también me estaba observando, y estaba escuchando mi explicación con respecto a la iglesia y cuánto valía en mi vida, a hombres que tenían el poder de quitarme la vida.

"¿Qué vas a hacer?" La voz del Señor me decía en mi mente. "Te desmayarás en el último segundo o vas a ser valiente? ¿Te importa que te eliminen?" Me imaginaba todas esas preguntas mientras me jugaba la vida.

Pero no era un juego, no. Aunque yo acabara muerto en esa nave, sabía que tenía que seguir adelante. Mis padres me llorarían amargamente, no lo dudaba, pero yo sólo lamentaría el que no hubiera llegado al templo. Ese pensamiento me atormentaba porque lo que más deseaba era entrar en el templo por lo menos una vez antes de morir. Me urgía llegar a la casa del Señor.

Había hecho una decisión. Sabía que la iglesia era verdadera y que tenía que decir eso, testificárselo a ese hombre, Borilla. La necesidad de ello se me presentó claramente en el cerebro y en el corazón, de una manera misteriosa, y sabía que era lo justo hacerlo, y no podía negarlo, y no iba a volver la espalda ante esa necesidad.

—Si es trato hecho, le ofrezco la mano, —dije, tratando de parecer indiferente. Un apretón de manos cellaría el trato, y yo no me vería obligado a morir.

—Está bien, —dijo, ofreciéndome la mano, la que acepté en el acto, y con ese apretón de manos los otros quedaron atónitos ante un acontecimiento nunca visto. Creerían que yo merecía el castigo esperado, pero con el trato hecho así, ellos también estaban comprometidos.

Nadie podía matarme por su cuenta, porque eso violaría el trato y el que lo osara sufriría la misma suerte. Ese hombre, Borilla, tenía ese poder bajo el código de la Organización, y todos lo sabían, pero eso no eliminó todas las amenazas.

—Te voy a enterrar aunque sea mi último acto de caridad, —susurró uno entre dientes mientras yo salía del cuarto. Era uno de los que perderían mucho dinero con mi dimisión. —¿Me oyes? —Su voz chorreaba desprecio.

Con cada paso, me acercaba más a la puerta, todavía sospechoso de que me mataran a espaldas antes de alcanzarla.

Llegué al umbral. Pasé la puerta.

Había salido, y nada.

Llegué a mi coche.

Y nada.

Subí al coche, enchufé la llave en el contacto y arranqué el motor, reconociendo la posibilidad de que podían haber conectado explosivos bajo el cofre. Pero no hubo explosión.

Pasé los portales y emprendí mi viaje a casa. En ese momento, un alivio y un asombro me invadieron. Me di cuenta que lo imposible había acontecido. Yo me había escapado con vida.

Lo que me esperaba, no lo sabía. Tenía el dinero que había escondido, tenía una esposa que ya no me quería, y no tenía habilidades fuera de los que había desarrollado para los enredos que ya no podía practicar más, por el resto de mi vida.

No había viajado lejos cuando paré el coche y di gracias.

—Gracias, Padre Celestial, gracias. –Eran las palabras más sinceras que había pronunciado en mi vida.

¡Ahora, a trabajar!

DIECISEIS

Qué suerte, pero qué suerte salir de ahí. Ese pensamiento seguía cantando en mi cerebro mientras me iba alejando de esa nave—el lugar que bien podía haber sido el sitio de la orden de mi muerte.

Yo tenía una idea clara del porqué se salvó mi vida.

Todavía me quedaba una obra que cumplir en la tierra. Lo había pensado mucho, aguardando el momento propicio para hacer mi llamada, allá en mi cabaña, los pensamientos corriendo por mi cerebro, sobre todo el de la confrontación que me esperaba.

Me di cuenta de que el Señor me necesitaba, o le iba a servir de alguna manera, para hacer algo específico. El sabía también que yo tenía la firmeza para hacer lo que se me exigiera—de enfrentarme a la muerte para librarme de vínculos que me hubieran impedido de tener la vida que ahora reconocía como la única vida aceptable para mí.

La mano del Señor ha estado en esto, me dije. *No ocurrió de chiripa.* El Señor habrá dicho, "A este tipo lo necesito, y si él acepta el evangelio y empieza a cumplir los requesitos y guardar los mandamientos, yo voy a ayudarle para que salga a flote."

Y así fue.

Yo sé que eso es lo que ocurrió porque no hay otra explicación posible. ¿Qué motivo tendría Borilla, que poseía el poder de dejarme allí sin vida, para decir, en cambio, "He oído hablar de los mormones y yo sé que son buena gente; por eso no tengo que preocuparme por ti." ¡Vamos! Sin la intervencón del Señor, sería imposible.

El trato quedó confirmado. Yo había logrado lo que deseaba y ahora tenía que seguir adelante. Ahora era cuestión de mantener perfecta rectitud. Yo lo reconocí—tenía que hacer las cosas con rectitud.

Entre mis tratos, había aspectos legítimos, y esos los podía retener. Tuve que abandonar la empresa de transportes, y eso me costaba, porque había invertido mucho dinero allí. Pero tuve que abandonarla y firmar los documentos que renunciaban todos mis derechos.

Emprendí el viaje a mi casa, organizando mis ideas para poder informar a Lynette que ya no teníamos la empresa.

Unos días después, llegó el momento de concretar el acuerdo, y ahora lo que me quedaba eran una casa y dos empresas legítimas. Yo creí poder seguir viviendo porque tenía dinero para respaldarme, y podía dedicarme a la marcha de mis negocios legítimos.

Firmamos los papeles. Era parte del acuerdo. Me importaba un bledo lo que tenía que renunciar. Creí que, con dejarme con vida, yo salía ganando.

En menos de tres semanas, me di cuenta que mi firma renunciando mis empresas era sólo el principio. Me habían de exegir mucho más. Los rabiosos que querían verme muerto tenían otros planes, mucho más grandes, que yo no había imaginado.

De la nada, nacían pleitos. Entablaban pleito por incumplimiento de contrato, pleito por abuso de fondos, y un tipo apareció con una nota escrita a máquina, *con mi firma,* afirmando que él me había prestado $25.000, y los reclamaba.

¿Cómo habría conseguido mi firma? Yo no tenía idea, pero no me sorprendió. Todos esos enredos los habrían tramado antes del momento de firmar los papeles. Cosas que saben hacer usando papel carbón y otras tretas por el estilo. Era mi firma, y no cabía duda.

Esos tipos estaban tocando todos los registros. Me amenazaban de todos lados. Conseguí abogados para defenderme de los pleitos y la reclamación fraudulenta. Todo esto no lo había esperado. Un par de cosas, tal vez, pero la furia de esos ataques no la había previsto. Me había creído libre.

En medio de ese tumulto, mientras me veía obligado a dispensar dinero a los abogados, se me deshizo el matrimonio. Me encontré en el tribunal de nuevo, esta vez para un divorcio.

Las relaciones entre nosotros, Lynette y yo, habían sido mutuamente beneficiosas. Ella había sido una ventaja para muchos de mis negocios, aunque ignoraba muchos detalles, pero hacía lo que yo le pedía, y nunca me molestaba por cuestiones de nuestras finanzas, ni falta que hacía. Entre nosotros había compañerismo, pero faltaba ese amor hondo que un matrimonio debe poseer.

Ahora yo luchaba para sostener la vida; es más: luchaba para mantener el nivel de vida al que nos habíamos acostumbrado. Y no tenía con qué. Antes, teníamos mucho dinero, y no nos preocupábamos por nada, y no faltaba nada con respecto al dinero. Comprábamos lo que se nos antojara, íbamos de vaciones . . . . El dinero no faltaba.

El nivel de nuestra vida se tiró de cabeza y yo me encontraba arrinconado. Lynette había llegado a detestar la iglesia, echándole la culpa de que habíamos venido en menos. Ente nosotros había discrepancias en todo. Las diferencias aumentaban. Yo, dedicado y activo en la iglesia, iba aprendiendo y persiguiendo la meta de ir al templo. Lo que más me importaba era hacer decisiones correctas y seguir aprendiendo más.

Lynette no quería saber más nada. No quería seguir asistiendo a las reuniones cada domingo, y nuestra situación se puso peor cuando yo empecé a participar en las actividades. Así es que llegamos a presentar una demanda de divorcio.

Durante todo eso, los pleitos seguían. Mi suegra, la madre de Lynette, también se metió en el enredo, afirmando que yo le debía $5.000, y tuve que acudir al tribunal para defenderme. Ella tenía cheques que le había dado, uno por $500, otro por $800, y los usó como evidencia, afirmando que yo había recibido $10.000 de ella pero había devuelto sólo la mitad. Naturalmente, Lynette estaba allí para respaldarla, diciendo –Sí, sí. Era un préstamo de $10.000. Yo seguía con esas querellas y batallas, tratando de permanecer firme en la iglesia.

Sin embargo, no tenía miedo. Me enojé, eso sí. Cobré más determinación que nunca de seguir firme en la iglesia. Nada pudo desviarme, y ninguno de esos tipos podía hacerme daño.

Se hizo un trato, un acuerdo. Cuando se hace un trato o se llega a un acuerdo, especialmente si es un acuerdo con el Señor, hay que honrar ese acuerdo, porque si no, algún dúa habrá consecuencias. Yo lo reconocía.

Pero también sabía que ese otro trato, el que se hizo en esa nave, tenía sus límites y consecuencias. Borilla me concedió la vida, pero no garantizaba más. Sólo prometió no matarme si guardaba silencio. El trato se limitaba a eso.

Yo debí reconcer que el dinero que había escondido y las pocas empresas que me quedaban no serían suficientes para mi bienestar financiero mientras intentaba vivir de acuerdo con las creencias y doctrinas de la iglesia a la que me había unido.

Qué bien, yo puedo librarme, dando espaldas a la Organización, y todavía ganarme la vida. Así había pensado. Pero el dinero que había escondido, con el que contaba para sustentarme, se había ganado ilegalmente. Pero yo era así de ingenuo como para no reconcer que el Señor no tenía ninguna intención de proteger ese dinero ilícitamente ganado.

Yo pensaba, *Bien. Ahora estoy tratando de hacer lo correcto, así que no tengo porqué preocuparme.* No era así. El Señor me estaba informando: "Oye, Mario, ese dinero mal ganado no te va a servir." En mis oraciones anteriores, las que el Señor había contestado, yo no había prestado atención a su contestación con respecto a ese dinero.

Aprendí una dura lección. Intervención divina no figuraba en esta situación. Yo luchaba en los tribunales a solas, incapacitado por mi promesa de silencio, pues no podía facilitarles información que necesitaban los abogados para defenderme. Tenía que andar con extremada cautela o correr el riesgo de la retribución mortífera de la Organización. Los abogados no podían saber todo lo que me estaba ocurriendo, con el resultado de que yo tenía que aflojar miles de dólares para salvarme la piel. Y los de la Organización bien sabían el dilema que me aturdía. Era un callejón sin salida. O yo tenía que aflojar el dinero o perder la vida por haber revelado cosas que había prometido callar.

Con esas desventajas, muchas veces me di por vencido, diciendo —¡Basta! Que se lleven el dinero que reclaman. Montaba a $20.000 aquí, $25.000 allá, y así se me iba todo mi dinero mal ganado.

Para colmo de males, una de mis empresas legítimas la tuve que abandonar. El personal de la compañía se me oponía porque de repente me activé en la operación donde antes casi no me veían, y francamente yo sabía poco. Y también había quienes todavía querían incluir el blanqueo de dinero en las operaciones. Finalmente me rendí, firmé documentos que les concedían la propiedad, y salí.

Parecía que cada día algo nuevo nacía de la nada. Reclamaciones aquí, otras allí. Luchaba en los tribunales, contestando acusaciones que no tenían fundamento alguno en la realidad. Un sinfín de acusaciónes falsas. Hasta se sirvieron de cheques viejos que yo había escrito por trabajos que me habían hecho, y como no había registros, no hubo manera de refutar las reclamaciones.

Acabé sin nada. Al finalizarse el divorcio, los $300.000 habían desaprecido. A través de todo eso, seguía pagando el diezmo, pensando, *Estoy haciendo lo correcto.*

Pocas personas en la iglesia sabían que yo y Lynette habíamos llegado al punto de divorciarnos Cuando se hizo patente que no había remedio, le dije a Lynette que se consiguiera un abogado y procediera con el proceso. Yo estaba tan ocupado con los otros pleitos que no pude prestar atención a la cuestión del divorcio, y confiaba en que Lynette hiciera lo justo. Un error. Ella y su abogado se juntaron para despojarme de todo. Yo no había contado con eso.

Al fin y al cabo, quedé arruinado, con sólo mi coche, un pequeño Ford, mi ropa, un unos diez o doce dólares en el bosillo. Yo, cuyo coche personal había sido un Cadillac, y cuyo vehículo de trabajo era una camioneta de las más caras, ahora usaba un Ford.

Ni siquiera tenía dónde vivir. Yo, que antes vivía a lo grande, cargué mi Ford con lo poco que me quedaba, y salí de la casa que ya no me pertenecía.

A mi vida anterior, había renunciado por completo, pero ahora no me quedaba nada.

DIECISIETE

Dormí en el coche. Era sábado. Había empezado a planear un programa para rehacerme y descubrir un poco de estabilidad.

Se me ocurrió que tendría que volver a ser camionero, que era la mejor de mis habilidades. Al día siguiente, el domingo, no tenía titubeos en adoptar mi procedimiento para ese día. Me detuve en casa de un amigo que me facilitó una ducha y la oportunidad de cambiarme de ropa y ponerme un traje.

Conocía algunas empresas de transporte que me darían trabajo como camionero. Había pasado la noche en el coche, pero no dudaba mi habilidad de levantarme del suelo. Por supuesto, nadie en la iglesia sabía lo que me había pasado. Entré como si tal cosa.

Caminando por el pasillo de la capilla, me encontré con un cirujano plástico, miembro de la congregación, que me saludó cordialmente, deteniéndome con una sonrisa, un brazo sobre mis hombros, y una pregunta:

—Mario, ¿tienes acaso experiencia como cobrador?

—Sí, —le contesté sin saber a lo que iba. —¿Me necesitas para algo?

—Es que tengo varios pacientes que están muy atrasados en el pago de mis servicios. Me deben más de $200.000. Si tú puedes ayudarme a recoger ese dinero, te pago el veinticinco porciento de lo que recoges y un sueldo semanal. Si te interesa, pasa por mi oficina mañana.

Me quedé sin palabras. Ese hombre no tenía la menor idea de mi situación y mis necesidades, y como si bajara del cielo estaba ofreciéndome trabajo.

Todavía me quedaba un activo, mi cabaña en el norte del estado. Nadie sabía que la tenía y me urgía venderla. No tenía dónde quedarme, y me puse en contacto con un hombre que conocía que sabía de alguien que estaba buscando una casita en el norte. Fui a su casa el domingo por la tardecita y hablé con él hasta la una y media. Le dije que tenía que irme. Como era muy tarde, me ofreció albergue por la noche.

Creo que él sospechaba mi necesidad. Habría visto mi ropa dentro de mi coche. Poco después, vendí la cabaña, pero como una pesadilla que se repite noche tras noche, otro ex socio apareció de la nada con "pruebas" de que yo le debía $25.000, y eso consumió el resto de mi dinero. Todo lo que tenía de mi experiencia en la Organización había desaparecido. Así que, al unirme a la iglesia, tuve que empezar de nuevo, como si acabara de nacer.

El cirujano y yo habíamos quedado en que yo iba a visitarle en su oficina al día siguiente. Al llegar allí, yo le pregunté por qué me había ofrecido trabajo.

—Tú tienes cierta personalidad, el tipo que demanda atención. Sabrás encontrar el método de recoger ese dinero.

El hacía mucha cirujía plástica para mujeres, y era increíble la cantidad de dinero que le debían. Me mostró el fichero y me pasó a un cuartito con teléfono y me dijo, —Y bien: a trabajar.

Me adelantó $500, y así pude encontrar dónde quedarme hasta que me llegara el primer cheque del sueldo.

Empecé a trabajar ese mismo día, y continué de allí en adelante. No hice nada que no fuera correcto y honrado. Recogí 180.000 para el médico, y era beneficioso tanto para él como para mí, pero no pude menos que pensar que fui yo el que había ganado más. Ya no me veía obligado a vivir en mi coche.

Llevaba ocho meses como miembro de la iglesia, y mi vida había cambiado mucho; ni semejanza quedaba de la vida que tenía cuando primero me encontré con los misioneros. Lo único que me quedaba de ese tiempo era mi obcesión con el templo.

Empecé a hacer más preguntas a los miembros, los líderes del barrio, y el obispo. Ofrecían una clase para los que querían prepararse para el templo, y el maestro era una persona con una paciencia de un santo. Toleraba el torrente de preguntas que yo le dirigía. Yo de veras tenía tanta gana de esa obra que estaba obcesionado.

Cuando las personas hablaban del templo, escuchaba absorto la conversación, y me formaba ideas de cómo sería. Seguí todos los pasos necesarios para hacer las ordenanzas, y apenas podía contener mi entusiasmo, esperando el momento cuando estuviera elegible.

Tenía un apartamento en Wixom y todavía tenía trabajo con el médico, pero había aceptado dos o tres otras cosas también. Ya me iba regular. Acudí al obispo y al presidente de la estaca para las entrevistas que se requieren para conseguir la recomendación que se necesita. Era el último paso. Después de tantos meses, por fin estaba a mi alcance. Ya podía decir con absoluta confianza que estaba cumpliendo con los requisitos, pagando un diezmo cabal, y tenía la intención de vivir según los convenios mayores con el Señor, y, por fin, podía afirmar con certeza que me ganaba la vida honradamente y procedía con honradez para con mis semejantes.

El barrio tenía planeado un viaje a Washington D.C. para asistir al templo, un viaje de unas doce horas, y yo no iba a perder esa oportunidad. Habiendo recibido la recomendación tanto del obispo como del presidente de la estaca, acudí al obispo de nuevo para cerciorarme de los preparativos para el viaje.

—Debes hablar con el líder de los sumo sacerdotes, —me dijo. –El está encargado de hacer los arreglos para el autobús que la estaca va a usar para llevarnos a Washington.

Así lo hice, anhelando la experiencia. Me topé con un chasco monumental.

—No hay espacio, —me dijo el líder.

Parecía mentira. Me indigné. Había esperado tanto tiempo, había sido diligente preparándome, sacrificando el lujo que antes me parecía importante, y ahora no había espacio en el autobús. Pero no iba a consentir en que me negaran esa oportunidad. Caminando por el pasillo, vi al médico para quien yo había recogido tanto dinero. Corrí a él.

—¿Puede darme un cheque mañana? —le pregunté. Yo estaba tramando un plan.

—Cómo no, —me respondió.

Unos meses antes, poco después de bautizarme, le dije a mi hermana lo que había hecho, pensando sorprenderla con mi decisión, pero ella me regaló con una sorpresa mayor: Gary, su hijo y mi sobrino, también era miembro. –Sirve como obispo en tu iglesia, —me dijo.

—¿De veras? —No lo podía creer. Nadie había dicho nada. Así que mi sobrino era miembro, y no sólo miembro sino también obispo en Sandy, Utah. Conque le pegué una llamada cuando supe que no había sitio para mí en el autobús. Hablamos largo rato de la iglesia, de nuestras respectivas conversiones, y de los cambios tan radicales que se efectuaron en nuestras vidas.

Luego le expliqué mi plan.

—Quiero tomar el avión a Salt Lake City e ir al templo contigo, —le propuse.

—¡Cómo no! No faltaba más, —me dijo, y me invitó a quedarme en su casa.

Compré el boleto, y ya que el médico iba al templo en Washington con mi barrio, quedé libre por unos días.

Por qué se me ocurrió llamar a mi sobrino, hasta el día de hoy, no lo sé, pero él, aunque apenas podía creerlo, estaba muy complacido cuando supo que yo, su tío, me había bautizado también.

En el avión, rumbo a Utah, me acordé de que uno de los élderes que me enseñaron y me bautizaron era de American Fork, cerca de Salt Lake City. Decidí llamarlo. Al llegar a la casa de mi sobrino, él me presentó a su esposa y pasamos largo rato hablando de todo. Luego usé su teléfono para llamar al Elder Dwight Staples.

—Estoy aquí en Salt Lake City para ir al templo, —le expliqué.

El me dijo que quería acompañarme. —Tengo una sorpresa para Ud., —me dijo. —Cuando salgamos del templo, se la enseñaré.

Así es que yo, con mi sobrino y el élder Staples, fuimos al templo de Jordan River. Los tres participamos juntos en una sesión, una experiencia asombrosa, aun más de lo que me había imaginado. Mi sobrino era formidable. Me ayudó a comprender lo que se hacía. Completamos la primera sesión e hicimos otra, y casi no cabía en mí de alegría. Nos quedamos largo rato en el Salón Celestial, hasta que los obreros nos informaron que era hora de cerrar.

Al salir del templo, el élder Staples sacó su diario de misionero. Como me había prometido, tenía algo que enseñarme. Lo abrió a la página donde había escrito sus impresiones de la tercera "charla" que tuvimos en Detroit. Era el momento cuando me enseñaron la película sobre el templo en Washington D.C.

Había escrito, hacía varios meses, que sabía que iría al templo conmigo cuando me tocara ir por primera vez. Lo escribió, sabiendo que él vivía en American Fork y yo medio mundo lejos de allí. Y eso que no me había bautizado todavía. Quedé atontado.

—Escribiste eso después de la tercera sesión con él? –le preguntó mi sobrino, algo incrédulo. El también estaba asombrado con lo que leía.

—Sí, —contestó el élder Staples. –Después de escribirlo, lo escudriñé y lo leí de nuevo y me dije, "Cómo es posible? Este hombre vive en Michigan, yo en Utah, y no hay manera para que yo disponga del dinero de volver a Michigan, y él no tiene parientes en Utah."

Ni yo sabía que tenía un sobrino que era jefe de policía viviendo en Sandy, Utah. Había perdido la pista de esa parte de mi familia. No había visto a Gary desde hacía veinte años. Mi hermana un día se marchó sin decirnos una palabra. Ahora, al pensarlo, no hay modo de explicar cómo todo pudo haberse desarrollado de esta forma. Es demasiado atribuirlo a la coincidencia. Un Poder superior había intervenido, y ese Poder, el mismo que me había enviado ese sueño que tanta perplejidad me causó, también había intervenido en la obra de los misioneros, aunque yo no podía saberlo hasta que llegué a ese memento con el élder Staples.

Según él, los dos misioneros iban a otra cita el día que llegaron a mi casa cuando Lynette les dio ese famoso número de teléfono. El élder Staples llevaba bastante tiempo de misionero y era líder de su zona, pero su compañero, el élder Gardner, acababa de llegar. Iban conduciendo por Nine Mile Road cuando el élder Gardner notó la calle donde vivía yo.

—¿Has pasado por esa calle alguna vez? Parece interesante, —observó

El élder Staples echó una mirada hacia la calle.

—Sí que parece interesante. ¿Por qué no pasamos por ahí? —contestó el élder Staples.

Cambió de sentido—cosa indebida—y volvió sobre sus huellas. Era un camino sin asfalto con casas sobre terrenos muy amplios, de unos dos o tres acres, un ambiente rural dentro del Detroit aburguesado. Siguieron a lo largo de la calle, pasando unas veinticinco casas, y entraron en mi camino de entrada. Otra regla violada. Los misioneros no estacionan sus coches en el camino de entrada de ninguna casa que visitan. Siempre dejan su coche en frente de la casa.

Mientras se acercaban a la puerta, el élder Gardner seleccionó folletos específicos que pensaba dejar. Normalmente, Lynette no habría estado en casa para contestar la llamada, pero por algún motivo no había ido al trabajo ese día. Tantas cosas se juntaron para que yo llegara a conocer la iglesia, y ahora me parecía bien claro. El diario del élder Staples y sus memorias de cómo los élderes acabaron a mi puerta confirman lo que yo llegué a saber. Había algún propósito para mí

El primer domingo después de volver a Michigan, el obispo me preguntó, —¿Cómo es que no vino con nosotros al templo? El líder de los sumo sacerdotes me dijo que no faltaba espacio.

—Ud. me está tomando el pelo, —le respondí

Más tarde le pregunté al líder y él insistió que nunca me había dicho que faltaba espacio.

—Pero yo lo recuredo perfectamente. Me dijo claramente que no había espacio, —le respondí.

Pero sí, había habido sitio en el autobús, pero no para mí, supongo. El viaje al oeste se hizo porque el élder Staples lo había previsto y él tenía la fe, y el Señor lo quería así.

Dos semanas después de volver a Michigan, fui al templo en Washington D.C. Fui con un par de amigos con un horario espartano, viajando durante la noche para llegar al templo, pasando el día allí haciendo la obra, y volviendo a Detroit de noche otra vez.

Yo hice eso dos veces por mes durante un año entero, completando cincuenta y cinco sesiones.

DIECIOCHO

Ya me sentía como en casa.

Había sido miembro sólo cinco meses cuando un día de domingo el obispo me llamó a su oficina.

Yo estaba luchando con las consecuencias de mi decisión de renunciar a la Organización. No tenía educación; los abogados me estaban comiendo vivo, y mi esposa presentaba demanda de divorcio.

En medio de todo eso, el obispo me dijo, —El domingo que viene, voy a apartarle como maestro de los muchachos de once años y también quiero que se involucre en el programa de los Boy Scouts.

De chicos, dábamos palizas a los Boy Scouts, persiguiéndolos por las calles, y ahora, ¿acaso quieren que yo sea un líder de los Boy Scouts?

Y el problemita que yo tenía de casi no saber leer . . . .

—Este, ¿enseñar una clase? –repliqué casi sin voz. –Ni siquiera sé leer y Ud. quiere que enseñe. ¿Está loco? No puedo hacerlo.

—Sí que puede. —El se paró delante de mí. –Va Ud. a dar las espaldas al Señor? ¿No le parece que El le va a ayudar?

Un puñetazo en la nariz me habría resultado más suave.

Esa semana la pasé en un mar de dudas y perplejidades. El obispo me entregó el manual para la clase y fui a hablar con el maestro anterior. Fingía saber lo que pensaba hacer. Yo no tenía con quién consultar, y no podía confesar a nadie que no sabía leer, a no ser que me dijeran, "Pero tonto. ¿Por qué te habrán nombrado a ti para ese llamamiento?"

Al domingo siguiente, entré en la capilla decidido a explicarle al obispo que no era capaz de cumplir con ese llamamiento, pero en conversación con otro amigo, el obispo mismo se me acercó, me rodeó con el brazo y me preguntó: —¿Listo?

Contesté balbuceando, —Este, sí, sí, cómo no.

Juntos, caminamos hasta el cuarto donde me aguardaba mi clase. El obispo siguió de largo y yo entré, y allí sentados y mirándome con ojos preguntones había tres muchachos.

Les devolví su mirada.

Seguían mirándome.

—Este, hola muchachos, —les dije. –Yo no sé cómo voy a proceder aquí. De veras, me siento perdido, así es que me tendrán que ayudar. Tengo que contar con eso. Soy muy nuevo.

Todos nos sentamos a la mesa y yo saqué el manual. Yo leía con la misma lentitud que ellos, pero leímos una lección entera, leyendo también las escrituras que la acompañaban. Aprendimos juntos.

Seguí con la clase durante seis meses. Fue una experiencia formidable, que me hizo crecer. Esos muchachos me enseñaron mucho. Sus padres les habían enseñado obediencia, constancia, y mucha doctrina de las escrituras. Quedé asombrado.

Ellos, los estudiantes, me estaban enseñando a mí. Después de la primera semana, me encontraba deseando más. Durante la semana, a menudo nos comunicábamos. Si nos juntábamos para cuestiones del programa de Boy Scouts, hablábamos también de las lecciones de domingo. Yo siempre traía el manual y me preguntaban, —Bien, ¿de qué vamos a hablar el domingo?

Así que íbamos notando las escrituras que aparecían en la próxima lección y ellos las estudiaban y yo también para juntarnos y compartirlas el domingo. Era divertido, y yo me sentía tan joven como ellos. Todo lo que yo quería saber de Dios, de la tierra, del propósito de la vida, esos muchachos me lo explicaban. Yo aprendí muchísimo de ellos.

Uno de ellos descubrió muy pronto de qué pie yo cojeaba. Estando a solas conmigo me dijo, —No se preocupe, hermano Facione. Yo le voy a ayudar. Yo sé que Ud. no sabe leer, y no lo delataré a nadie. Cuando aprendemos cosas en la escuela, las voy a compartir con Ud.

Así que llegamos a un acuerdo, como en mis días antiguos, pero esta vez, el trato era mucho más oportuno.

Llegamos a otro trato, yo y esos tres muchachos. Un día, estábamos frustrados por algo y no queríamos consultar la cuestión con nadie porque nos habría avergonzado, y yo momentáneamente regresé a la barbarie, y largué una palabrota.

Quedaron atónitos, mirándome en silencio.

—Oh, perdón, muchachos, lo siento. Perdónenme, –y de veras. me sentía enfermo de vergüenza —De aquí en adelante, ninguno de nosotros usaremos el nombre del Señor en vano, ni usaremos otras palabrotas.

Yo solía usar tarjetitas para hacer apuntes y notas y saqué algunas y distribuí una a cada uno de mis estudiantes. Escribí esa promesa al Señor. Los muchachos la copiaron, y cada uno firmó cada tarjeta. Cada uno se quedó con la suya, y cuando se nos antojaba usar malas palabras, esa tarjeta nos recordaba de nuestro acuerdo y promesa. Todavía llevo la mía. He tenido muchas experiencias en esta iglesia, pero ninguna excede la de enseñar a esos muchachos.

DIECINUEVE

Mamá, como de costumbre, estaba en la cocina ante la estufa, sartén en mano, haciendo una especie de tortilla francesa que nos encantaba a todos. Tenía la sartén por el mango, moviendo esa tortilla de un lado a otro hasta que quedó perfecto. Nos encantaba contemplar el proceso.

Yo estaba allí de visita, observando lo que tantas veces había observado en días anteriores. Decidí que era el momento de dar la noticia de mi cambio de situación.

—Mamá, me he bautizado en la Iglesia de Jesucristo de los Santos de los Ultimos Días.

—¿Cómo? —Me dijo, deteniéndose de repente.

Volví a decirlo, y de buenas a primeras la sartén volaba por el aire en mi dirección. La tortilla también volaba, y la sartén, por suerte, no me decapitó, aunque faltaba poco, y se clavó, mango primero, en la pared, donde se quedó.

Yo me eché a correr, llegué al baño, me precipité adentro

echando seguro y salté por la ventana. Mamá quedaba afuera pero si hubiera podido alcanzarme, ¿quién sabe lo que habría pasado? Estaba enojadísima.

A partir de ese momento, ella no quiso saber nada de mí por varios años. Estaba segura de que yo había traído deshonra a la familia. Años después, supo que su nieto, mi sobrino, también era mormón, y volvió a recibirme en casa. Por fin se dio cuenta de que era lo que yo más quería y que tendría que dejarme con la libertad de hacer lo mío. Llegó a aceptarlo. A mi papá no le importaba ni fu ni fa.

A mi tío John tampoco le importaba. Era de los más buenos, un pedazo de pan, como otro padre para todos nosotros. Siempre estaba metido en el mantenimiento de sus camiones durante nuestra niñez y nunca se casó. Mi papá también trabajaba fuerte pero cuando uno tiene ocho críos no hay tiempo para mucho mimo, y el tío John, como digo, era otro padre para nosotros. Era un tipo que—bueno, te hacía saber que había que hacer las cosas bien.

Para el año 1983, conseguí un trabajo vendiendo herramientas industriales. Era un trabajo que me caía a las mil maravillas, porque ya había trabajado con camiones. Viajaba mucho, visitando a clientes y asistiendo a ferias y otras exhibiciones exponiendo nuestros productos.

Durante uno de esos viajes, recibí noticias de mi hermana particpándome de que tío John había caído muy enfermo. Volví a Detroit en seguida, y fui al hospital. Ya le tenían conectado al equipo de respiración artificial.

El médico explicó que el cancer le estaba carcomiendo sus entrañas. Tenía noventa y dos años. Yo y él nos teníamos mucha confianza; estábamos muy unidos. Apenas pude tolerar el aspecto de él conectado a esa maquinaria. Me dolía mucho verlo así. Los médicos afirmaron que estaba sufriendo mucho, y que no podía vivir mucho más. Aconsejaron desconectarlo del sistema.

Mi tío había gestionado documentos legales señalando a mí y a mis hermanos como sus albaceas, así que la decisión quedaba con nosotros. Yo era el que tendría que firmar. Así lo hice. Pero antes, quería darle una bendición a mi querido tío, y quería hacerlo a solas con él. La desconexión misma la pensaban hacer cuando todos nosotros hubiéramos salido, y pensaban avisarnos luego del momento preciso del fallecimiento. Pedí permiso al médico para que yo le diera a tío John una bendición, y me lo concedió. Había muchas personas presentes—el médico, mis hermanos, y las enfermeras. Cuando el médico salío, todos lo siguieron.

El cuarto ya estaba vacío. Y le dí a mi tío una bendición.

Oré al Señor: —Por favor, dame un poco más tiempo con él, para que le enseñe un poco del evangelio antes de su partida.

Era una oración ferviente, como para dejarme despojado de fuerzas. Cuando terminé, miré hacia la puerta y una paz inmensa me invadió. Volví brevemente a mi tío antes de unirme con mis hermanos, y salí.

—Volveré mañana, —les dije a mis hermanos mientras salía.

Ellos me seguían por el pasillo, furiosos.

—Los médicos nos han dicho que nuestro tío morirá dentro de diez o quince minutos después de desconectar el sistema, y tú te vas, como si tal cosa. ¿Qué diablos tienes?

No podían creer que yo pensaba dejar el hospital. Pero lo hice. Volví a casa y me puse de rodillas, abriendo mi corazón al Señor. Quería un poco más tiempo con mi tío porque nunca me había aprovechado de la oportunidad de hablar con él para cumplir con lo que el profeta aconseja, de compartir el evangelio con nuestros familiares. No lo había hecho con ninguno de los míos, y ahora se moría mi querido tío. El no sabía. Yo no quería que él volviera al Padre Celestial sin saber nada de la iglesia restaurada. Había vivido una vida sin letras, analfabeto. Sólo sabía firmar su nombre.

Seguí orando hasta vaciarme de palabras y de fuerzas. Por fin me acosté. No habían llamado. Me levanté a la mañana siguiente y me duché. No habían llamado.

Volví al hospital para las 8:00 A M, y habían llevado a mi tío de nuevo a su cuarto. Nadie podía creer que todavía vivía. Entré en su cuarto y me extendió los brazos. No podía hablar porque tenía un tubo por la garganta. Le di un abrazo y un beso.

Mi hermano, también presente, me habló, meneando la cabeza.

—¿Cómo sabías que esto iba a ocurrir? Toda la lógica de los médicos pronuncia su muerte. Los médicos no pueden creer que todavía esté respirando.

Al rato, mi hermano salió y yo me quedé con mi tío, hablándole, y él comprendía todo. Las enfermeras estaban atónitas. Las llevé de lado.

—Yo voy a pasar todos los días aquí, desde las 8:00 de la mañana hasta las 2:00 de la tarde. Esto les dará tiempo de hacer todo lo necesario.

Era increíble con qué esmero me acomodaban. Cada mañana, mi tío ya había comido y le habían bañado, y cuando tío John me veía, sus ojos brillaban de gozo.

—Si me puedes oir, levanta la mano, —yo le decía. Y la levantaba. Estaba medio sordo, pero lograba oir y me entendía.

Y le hablé mucho. Le expliqué el Plan de Salvación, de como Cristo murió para que nosotros pudiéramos vivir de nuevo después de esta mortalidad. Le hablé de las escrituras y lo que nos enseñan. Le hablé de los profetas, los antiguos y los modernos.

Esto duró casi dos semanas. De día hablé con él y volví a mi apartamento de noche para escudriñar las escrituras, preparándome para el día siguiente. Y siempre mi tío me esperaba expectante.

El último día, yo estaba sentado al filo de su cama, mirándole firmemente y con gran afecto.

—Cuando llegue el momento, estarás listo y yo te haré la obra vicaria.

Me extendió los brazos y nos abrazamos. Me levanté y salí.

Yo sabía que había aceptado todo lo que le había explicado. Murió a las 11:00 esa noche, casi dos semanas después de haber sido desconectado del equipo de ventilación asistida.

Un año después, fui al templo en Washington D.C. pensando hacer el bautismo vicario por mi tío. Había un grupo de jóvenes haciendo bautismos y me fijé en uno en particular de espaldas a mí, mis ojos clavados en él. Me le acerqué, coloqué mi brazo sobre sus hombros, y le pregunté su nombre. Me lo dijo, y yo le hice otra pregunta.

—¿Quieres bautizarte por mi tío? Dijo que sí, y yo lo arreglé con sus líderes para que él hiciera un nombre especial aparte de los ya convenidos, y así lo hicieron. Después del bautismo, yo le hice la confirmación, dándole el don del Espíritu Santo. Después yo mismo me encargué de las otras ordenanzas.

En el cuarto de investiduras, yo estaba sentado en uno de los bancos, pensando en mi niñez. Mi tío John siempre fue tan bueno conmigo, y ahora yo le favorecía a él con la obra vicaria que acababa de hacerle.

Me di media vuelta, y allí, al otro cabo del banco, estaba mi tío. Sentí el peso de un brazo sobre mis hombros. Hasta el día de hoy, tengo la seguridad de su presencia en el templo ese día. Al volver a mirar, ya no lo veía. Otros participantes estaban llegando, e iban ocupando los otros sitios delante y detrás de mí, preparándose para la próxima sesión. Pero dejaron espacio junto a mí—el espacio ocupado por mi tío.

He soñado mucho con mi tío y las cosas que hacíamos juntos cuando yo era niño, nuestras conversaciones, y sobre todo las cosas que le dije durante esos últimos días de su vida.

El aceptó todo lo que le expliqué. No me cabe duda.

VEINTE

El hombre estaba sentado ante nosotros, un grupo de hombres con la responsabilidad de participar en la decisión que afectaría su destino. Había cometido un pecado grave; él lo sabía, y corría de nuestra cuenta escuchar su confesión, con testigos, para poder hacer recomendaciones con respecto a su futuro en la iglesia. Nosotros, los miembros del sumo consejo, llevábamos ese cargo en una solemne reunión convocada por el presidente de la estaca. Escucharíamos, analizaríamos, y sobre todo, oraríamos al Señor, pidiendo inspiración.

Superficialmente, parecía semejante a lo que me había ocurrido a mí hacía varios años, pero en verdad era muy distinto. Esta vez, el hombre en la silla ante nosotros había violado uno de los mandamientos del Señor, y no corría peligro de perder la vida, pero tal vez lo que ya había perdido pudiera ser peor.

—Me siento obligado a hacerle una pregunta, hermano, —le dije al hombre.

–¿Cuánto tiempo ha pasado Ud. en la lectura de las escrituras durante este último mes?

—Muy poco, —replicó. –No he tenido tiempo.

—Momentito, momentito, —exploté. –No me venga con eso de no tener tiempo. Ud. tuvo tiempo para salir y hacer macanas, ¿y ahora quiere hacernos creer que no tenía tiempo de leer las escrituras? Mis hermanos aquí tal vez querrán proteger su sensibilidad andando con rodeos, pero a mí con ésas. Si Ud. hubiera tenido la cara en el Libro de Mormón, tal como el profeta aconseja, no estaría metido en este lío.

Me miraba atónito, y las lágrimas brotaron de sus ojos. Yo no le aflojé ninguna muestra de simpatía.

—Sí, Ud. se pone a llorar ahora, pero ¿para qué sirve eso? Claro, la verdad duele en este caso, pero yo no pienso mitigarla ni jota. Ya sé que Ud. puede arrepentirse pero eso no quita nada de la gravedad de su situación actual. Hay reglas que tenemos que seguir, y esta reunión no las borra por Ud. ni por nadie. El *Señor* es el autor de esas reglas, y ¿para qué sirve su profeta? ¿Como ornamento acaso? Nos ha dicho que leamos el Libro de Mormón, y ¿por qué se le habrá ocurrido recomendar eso? Porque esa cuestión de la moralidad, es decir, haciendo caso omiso de la moralidad, es lo que nos está hundiendo en estos días.

Seguí acribillándole, porque me destrozaba participar en ese consejo disciplinario. Llevaba sólo dos semanas como miembro del concilio, y ahora me encontraba con la responsabilidad de escuchar cómo ese tipo había atropellado las sagradas leyes del Señor. Traté de ponerme en el lugar de mi Señor, que le había dado tantas bendiciones y privilegios a ese tipo. ¿Así se lo agradece el muy atorrante? Sería para desolarlo, pensé, y me enojé.

Después, el presidente me llevó de lado para explicar que los concilios convocados en nombre del Señor eran concilios de amor. —La próxima vez, un poco más tolerante, ¿eh?

Yo no sabía si me era posible.

Para mí, todo se reduce a un trato, un acuerdo, pero ahora el acuerdo no queda entre hombres; es con el Señor. Todos los que se bautizan en esta iglesia llegan al mismo trato. En la iglesia, usan la palabra *convenio.* Convenimos en guardar los mandamientos y el Señor nos da bendiciones. El nos lo pone muy fácil con mandarnos profetas para guiarnos. Y nosotros, ¿qué hacemos? Durante la Conferencia General, vamos al parque o vamos de vacaciones.

—Vamos de viaje, —dicen muchos miembros cada abril y cada octubre cuando nuestro profeta y otros líderes de la iglesia se dirigen a todos los miembros de la iglesia, que ahora montan a más de diez milliones en congregaciones por todo el mundo. En verdad, lo que dicen es, —Bien, Señor, no me importa gran cosa lo que tienes que decirme hoy.

¿Cuántos son los miembros que no cumplen con su trato? Muchos creen que el camino fácil también conduce al reino celestial.

No. No es verdad. La vida no es fácil. La salvación no es fácil. El evangelio demanda trabajo, trabajo, trabajo, todos los días. Esmero y diligencia.

Ya hace más de veintiún años desde que tuve ese sueño en el cuarto de un hotel en Provo. Vuelvo a menudo a pensar en ese sueño. Era como si el Señor me estuviera diciendo, "Este es el camino que debes tomar. Debes cambiar el curso de tu vida, pero no puedo servirme de una comunicación espiritual porque no entiendes nada del Espíritu, no lo tienes contigo." Así que adoptó un método de comunicarse conmigo para que sí pudiera entender un poco.

No he olvidado ese sueño. No lo olvidaré nunca.

El significado completo del sueño me llegó como un trueno el día en que me casé y fui sellado con Cathy en el templo de Jordan River. Cathy es miembro de la iglesia, divorciada con tres hijos, y todos llegarían a ser sellados a nosotros. Seremos una familia eterna, como las que yo vi en ese video hace tantísimos años.

Nuestros hijos—Amy, Scott, y Jeff—vestidos de blanco, entraron en la sala de sellamientos. Y en ese momento supe porqué el Señor me había enviado ese sueño, y luego los misioneros, y mi liberación. El Señor me necesitaba para ayudar a criar a esos niños. Era una parte de su plan. Estos niños son personas especiales, y aunque yo no soy ningún súperheroe, ni mucho menos, me necesitaban. Y yo supe en ese mismo momento de lo que se trataba.

Yo hice un trato. No hay modo de renunciar. Yo no sé leer con gran facilidad. No tengo más que una sabiduría callejera y el conocimiento del evangelio. Pero ese momento tan especial en el templo me dio el ímpetu de seguir adelante y lograr éxito.

A través de los años, hemos vivido cómodamente; mis ingresos nos daban de vivir bien, aunque nunca con el nivel de vida que tuve antes. Ni falta que me hace. En verdad, el dinero nunca me preocupaba gran cosa. El dinero nunca debe llegar a poseernos. Si el dinero te controla, estás perdido. Para mí, siempre me encantaba el reto de hacer funcionar un plan, lograr éxito en un proyecto.

Y sigo con ese afán, sólo que ahora mis tratos son legítimos y el dinero lo gano honradamente. Si te esmeras para lograr algo y pones el esfuerzo necesario, tendrás éxito. Tienes que trabajar, eso sí, y anticipar el reto. Eso sigue siendo el impulso de mi vida.

A veces recibo noticias de mis antiguos socios. Después de ese proyecto inicial de deshacerme de todo mi dinero, me han dejado solo, tal como se me prometió. El timo de maquinaria pesada llegó a su ocaso un poco después que yo salí de la Organización. A alguien se le ocurrió poner números de identifcación en las máquinas para poder seguir la pista del equipo que se vendía. Esa operación no habría durado mucho más aunque yo hubiera seguido dirigiéndola.

Algunos de mis antiguos socios están muertos, otros acabaron en la cárcel. Los federales los persiguieron con ahinco durante los años noventa. Los diarios en Detroit siempre llevaban noticias de los juicios en los tribunales durante varios meses. Los días de gloria para mis socios han desaparecido.

Ahora yo tengo que trabajar dos veces más fuerte de lo que trabajaba antes, pero el trabajo es limpio y me encanta. Y no habría podido hacer lo que he logrado sin el Señor.

Si pones metas dignas de la aprobación del Señor y las persigues según las normas de El, todo sale bien. Si lo haces como el Señor ha mandado, siempre logras éxito. Por eso, los profetas nos aconsejan que fijemos metas, obtengamos una educación, y procuremos mejorarnos.

Qué raro que la gente no pueda reconocer eso. Ven a un tipo con dinero, y piensan, "Mírenlo, es mas rico que el rey Midas. No hay justicia." No quieren ver que el tipo ha trabajado para tener lo que tiene, que puso metas y las alcanzó. Si te quedas sentado con incípidos anhelos, esperando que te lleguen riquezas, no llegarán.

Es así con el evangelio también. "¿Cómo es que fulano tiene tantas bendiciones?" se preguntan algunos. "Yo leo el Libro de Mormón, pago el diezmo, y ¿dónde están mis bendiciones?"

Y yo les digo, "¿Qué más estás haciendo? Vivir el evangelio es mucho más que gurardar una lista de cosas que cumplir como un rito memorizado. Es una manera de vivir tratando de efectuar una diferencia en la vida de otros."

Los profetas no lo habrán dicho directamente, pero si uno tiene una mente ociosa, las manos se ponen nerviosas, y empiezan a urdir macanas. Y los pies quieren llevarte adonde no debes ir. La mente empieza a divagar y de buenas a primeras estás metido en cosas que van en contra de los principios del evangelio y contra los consejos del Señor.

Yo mismo seguí un camino equivocado durante muchos años. Mi papá me enseñó a hacer bien las cosas, pero yo usé sus consejos para proceder de una manera errónea. Si sigues buenos principios para servir al Señor, usando las mismas energías, la misma inteligencia y conocimiento que muchos usan para ganar dinero, saldrás ganando.

Si agarras todo lo que puedes del evangelio y dejas que el Señor te guíe, saldrás victorioso. Sabrás conquistar una buena vida, absorbiendo buenos principios y conceptos, y seguirás creciendo.

Lo haces porque quieres vencer al mundo y acabar en la presencia de Dios. Es mi meta personal. Quiero hablar con Abinadí, José Smith, Isaías. Esa gente me atrae, me encanta. Quiero verlos, y por eso tengo que dedicarme a vivir rectamente aquí en esta tierra. Quiero ver a mis padres, a mi tío John, a todos los que he perdido que conocí aquí. Y espero que cuando los vea, hayan aceptado el evangelio, que lleguen a ver en el mundo de espíritus lo que yo tuve la dicha de ver en esta mortalidad. Yo sé que me están esperando.

Se reduce al último trato y cuánto quieres ganar, cuánto quieres recibir del evangelio, cuánto quieres acabar a la derecha del Señor.

Hace unos años mi hermano falleció y quedé destrozado durante un período. Tuve muy buenas relaciones con él y su muerte me afectó hondamente. Le llamaba a menudo y hablábamos de muchas cosas. Me daba buenos consejos y buenas ideas con respecto a mis necesidades. Echo de menos esos momentos, y sigo echándole de menos a él.

Lloré mucho durante cuatro horas, me levanté y pasé a otro cuarto para ponerme a orar al Señor y pedirle que cuidara a mi hermano, con la esperanza de que aceptara el evangelio cuando yo hiciera la obra vicaria por él en el templo. Después me puse de pie y me junté con los otros miembros de la familia.

—Basta de llorar, —dije. –Yo sé lo que está ocurriendo al otro lado, así que aquí nos urge ponernos a la cuestión de los servicios fúnebres.

Yo dirigí los arreglos funerarios y todo salió a pedir de boca. Algunos de mis hermanos me decían, —Mario, ¿dónde habrás escondido el corazón? Eres más frío que un nabo.

—¿Y cómo? —respondí. —¿Acaso se ha terminado? Yo sé lo que va a pasar ahora.

Me miraron con asombro. Uno dijo, —¿Cómo que sabes lo que va a pasar?

Yo no expliqué nada. Me limité a decir, —Mira, todo va a estar bien. Algún día comprenderán.

Me aparté de ellos. Yo sabía dónde estaba mi hermano. Conozco el plan. Gracias a Dios, *yo conozco el plan*.

Si me muero mañana, he cumplido mi misión. Yo sé dentro de mí que todo lo que he hecho desde que me bauticé en la iglesia servirá para mejorar la vida de los míos. Y aparte de eso, fue mi destino.

Yo no cambiaría ni una tilde de lo que me ha ocurrido.

CON RESPECTO AL AUTOR...

El autor es un empresario de éxito que vive en Michigan con su esposa. Tienen tres hijos mayores y cuatro nietos.

0 26575 79851 7